LA
BRUJA
holística

**CONECTE CON SU PODER
PERSONAL PARA CUIDARSE
MÁGICAMENTE**

•• • ••

**SHAWN ROBBINS
LEANNA GREENAWAY**

Librero

Título original: *The Holistic Witch*

© 2026 Librero b.v. (edición española)
Hambakenwetering 8B
5231 DC 's-Hertogenbosch
Países Bajos
www.librero.nl

Primera publicación en 2022, en Estados Unidos, a cargo de Sterling Ethos, un sello editorial de
Sterling Publishing Co., Inc., con el título *The Holistic Witch. Connecting with Your Personal Power
for Magickal Self-Care*. Esta edición ha sido publicada de acuerdo con Sterling Publishing Co., Inc.,
33 East 17th Street, Nueva York, NY, EE. UU., 10003

Texto © 2022 Shawn Robbins y Leanna Greenaway
Diseño de la cubierta: Amy King
Diseño interior: Christine Heun
Créditos de las imágenes: *véase* página 301

Producción de la edición española:
Traducción: Montserrat Ribas Casellas para Delivering iBooks & Design
Redacción y maquetación: Delivering iBooks & Design, Barcelona

Distribución exclusiva de la edición española:
Librero IBP S. L.
C/ Paseo de los Olmos, n.º 20
Planta 1.ª, Oficina 7
28005 Madrid, España
www.librero-ibp.es

ISBN: 978-84-1154-043-8
Printed in Guangzhou, China GGDP092025

Índice

Tercera parte: hogar, jardín y familia holísticos

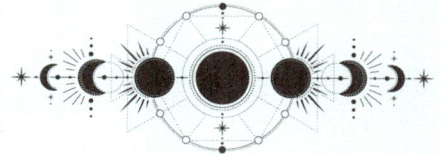

Introducción

SU FUERZA VITAL MÁGICA

Muchos de nosotros prestamos una atención especial a nuestro aspecto. Pagamos un buen dinero por las últimas modas, solicitamos una cita urgente a nuestra peluquera para unas mechas exóticas y acudimos al gimnasio cada día. Al mismo tiempo, insistimos en la importancia de no cuidar solo del cuerpo físico, sino también de nuestra alma.

¿Ha pensado alguna vez en qué hace que una persona sea única? Olvídese de su nombre y de su aspecto por un momento, y concéntrese en su esencia, en su fuerza vital. Parece un estereotipo decir que no hay dos personas iguales, o que toda persona se compone de pensamientos, acciones y conductas que son exclusivamente suyas.

Pero todos compartimos algo muy importante. Tenemos un propósito en este planeta y estamos aquí por razones similares. Cada uno de nosotros se halla en su propio viaje personal, con nuestras almas evolucionando a ritmos diferentes, pero al mismo tiempo tenemos una responsabilidad mutua. Todos formamos parte del mismo universo, lo que hace que uno forme parte del otro. La manera de interactuar con las personas de nuestro entorno influye sobre el desarrollo de nuestra alma, así que si intentamos ayudar a nuestros semejantes, en lugar de entorpecer su camino, marcaremos una diferencia en su vida.

Tanto si cree en la wicca como si no, en el interior de cada persona reside un poder misterioso. La mayor parte del tiempo, en el transcurso de nuestra vida cotidiana, esta parte de nuestra fuerza vital queda oculta, pero, en ocasiones, sucede algo inesperado que incluso hace dudar a la persona más escéptica. Puede que tenga un sueño extraño que después se cumpla, o que experimente una fuerte sensación de que algo va mal. ¿Ha conocido alguna vez a una persona y se le han erizado los pelos? No sabe por qué, pero hay algo en esa persona que le incomoda. Quizás está contando algo y usted sabe al instante que no está diciendo la verdad. A esto lo llamamos «instinto visceral», pero en realidad es mucho más que eso. Estas sensaciones son muy intensas y no deberían ignorarse. Algunos creen que nuestros guías inculcan pensamientos en nuestra mente para que seamos conscientes de que algo va mal. Otras piensan que tenemos la capacidad de sintonizar con las energías del entorno, reconociendo las vibraciones positivas y negativas. Cada uno de nosotros posee este poder, pero a menudo lo descartamos, pensando que se trata de nuestra imaginación.

CÓMO DESCUBRIR SU MAGIA

Antes de poder usar sus atributos ocultos de la mejor forma posible, debe descubrir cuáles son. En realidad se trata de un viaje de autodescubrimiento. No todo el mundo posee el mismo tipo de magia, y algunas brujas que llevan años practicando siguen teniendo dificultades con ciertas artes. Visto desde una perspectiva práctica, podríamos comparar las aptitudes mágicas con las especialidades de quienes trabajan en la construcción. Hay enyesadores, carpinteros, electricistas, fontaneros y albañiles; cada uno de ellos tiene su propia especialidad, del mismo modo que cada practicante de magia es más hábil en la suya. Una bruja puede ser fantástica preparando pociones, pero mediocre con la adivinación, y otra será una excelente tarotista o se le dará bien la quiromancia, pero no tendrá éxito con sus hechizos. La magia de cada persona es diferente. Podemos afirmar que todos somos individualmente buenos en algo, así que primero tenemos que descubrir qué es lo que se nos da mejor; solo entonces podremos conectar con nuestro poder interior. La forma de descubrir sus talentos es probar primero con las prácticas que más le interesan. Puede que sienta gran interés por los cristales, o que le encante tallar sus propias varas. Su pasión podría ser la fabricación de velas, o tal vez es un experto en confeccionar muñequitos para hechizos. Su corazón le indicará cuál es el camino a seguir en la brujería; solo debe prestar atención a las señales y escuchar su voz interior.

Para descubrir su magia tiene que hacer espacio en su vida para algún tipo de espiritualidad. No importa el tipo de que se trate, siempre y cuando abra el corazón a un camino que le sintonice con el universo. Para algunos puede ser una religión por la que sienten afinidad, para otros un interés en la vida después de la muerte. Debemos tomarnos un tiempo para reflexionar tranquilamente sobre la vida de un modo más espiritual.

Toda persona se encuentra en una vibración ligeramente diferente, así que nuestras opiniones podrían diferir un poco. Profundice para hallar su propia verdad y, cuando se sienta cómodo con algo, crea en ello. No nacimos en esta tierra por casualidad; es crucial comprender por qué estamos aquí, por qué vivimos y respiramos en estos momentos. No es ningún error el hecho de que estemos vivos. Usted es especial y ha sido elegido para seguir un determinado camino kármico en la vida, por lo que debe asegurarse de que cada minuto que pasa en el planeta sea la mejor persona que pueda ser. De este modo elevará su vibración y ascenderá a un nivel superior al morir.

La vida tiene un propósito. No se trata solo de ir a trabajar, volver a casa, comer y dar de comer a los niños, al perro o al gato, y después acostarse; es mucho más que eso. Se trata de perfeccionar su alma. Tiene que llegar a conocer su verdadero yo, prestar atención a cómo se siente y aprender a confiar en sus instintos viscerales. Cuando realmente se conozca, podrá utilizar el poder de su interior y cuidar holísticamente de todo su ser, al tiempo que transmite sus vibraciones positivas al mundo que le rodea.

Para liberar nuestra magia interior debemos ser uno con nosotros mismos y nuestros pensamientos. La meditación es el ejercicio perfecto para ello. Es esencial meditar un rato cada día. No tiene que pasarse horas y horas sentado en la postura del loto, intentando alcanzar un estado meditativo; simplemente acuéstese media hora antes de lo habitual y, mientras se relaja, intente concentrarse. Otro ejercicio excelente para sintonizar con su yo superior es sentarse en una habitación en silencio. Apague la música o el televisor, cierre los ojos y escuche el silencio. Al cabo de unos diez minutos empezará a sentirse diferente. Preste atención a sus pensamientos; ¿qué le dicen? Quizás desee meditar e imaginarse en un lugar tranquilo, como un hermoso lago, un campo de flores o una playa solitaria. Imagínese tocando las plantas o caminando descalzo por la arena. En estas ocasiones es cuando puede conectar de verdad con su voz interior y liberar su poder. (*Véanse* págs. 25-29 para ejercicios de meditación más detallados.)

Debemos centrarnos en cada parte de nuestro ser, desde la condición física hasta el bienestar de la mente. Todos tenemos altibajos en la vida, y si nuestro estado de ánimo es negativo, eso influye sobre nuestra salud física. Tanto si se siente feliz como si su situación actual le estresa, una cosa es segura: ¡cambiará! Cuando la vida nos plantea desafíos, la energía negativa puede penetrar en nuestras mentes y corazones, asumiendo el control de nuestras emociones y de las decisiones que tomamos. También puede envolver nuestra alma en una niebla negativa que resulta dañina para nuestro trabajo y nuestras relaciones. Una vez el estado de ánimo cae en espiral, parece imposible invertir la tendencia. La buena noticia es que existen muchas formas de evitar que se dé esa espiral descendente y de eliminar esas vibraciones negativas.

En primer lugar, debe tomar las riendas de su vida. Esta es su existencia, su viaje, así que debe tener todo el control posible sobre lo que le ocurre. Por supuesto, habrá muchas cosas en las que no podrá intervenir, como la enfermedad y las acciones de otras personas, por nombrar solo algunas, pero con la mentalidad adecuada, podrá desterrar cualquier negatividad que le rodee y sustituirla por energía positiva.

La mayor parte del tiempo no es un único problema el que nos acecha, y esto nos abruma y nos sentimos acosados. Intentar eliminar varios temas a la vez raramente funciona, así que, en lugar de ello, aborde los problemas de uno en uno. Sea amable consigo mismo y trabaje dentro de sus limitaciones. Las soluciones a veces tardan un tiempo en llegar, así que no se atormente con demasiadas cosas; una vez superado un obstáculo, se sentirá más capaz de abordar el siguiente.

Escriba una lista de todas las cosas que le hacen infeliz, como una relación difícil con una pareja o un miembro de la familia, una situación vital problemática o unos malos hábitos de alimentación o de sueño. Una vez escrita la lista, ordénela por prioridades. Sin fijarse en ningún otro tema, concéntrese en el peor de sus problemas. Si su relación se tambalea, pruebe a comunicar mejor sus sentimientos, haga algo para reavivarla, sea más afectuoso con su pareja, o pida cita a un terapeuta. Es importante hacer primero todas estas cosas prácticas y positivas, y después darle un empujoncito extra con un poco de magia.

TODA EXPERIENCIA VITAL ES UNA LECCIÓN

Si ha leído el resto de los libros que hemos escrito con los años, sabrá que Leanna ha estado en contacto con su espiritualidad desde una edad muy temprana y que ha pasado muchos años buscando el propósito de su vida. Tras practicar la meditación, hipnoterapia y proyección astral, cree haber encontrado algunas de las respuestas. Por supuesto, su verdad puede ser diferente a la de Leanna, razón por la cual cada persona debe buscar la suya propia. A lo largo de la historia de la humanidad, hemos llegado a entender cómo funciona el cuerpo físico, pero sigue habiendo algo que todavía se está investigando: el origen de nuestra fuerza vital, el alma humana.

El cuerpo se desgasta y puede enfermar con el tiempo, pero la esencia de la persona es algo diferente. Cada alma es única y tiene una identidad propia, y el espíritu de cada persona se desarrolla a un ritmo diferente. Durante una de las sesiones de hipnoterapia de Leanna, cuando hizo una regresión a un periodo anterior a su nacimiento, le dijeron que su alma era inmortal. Nuestros cuerpos son solo un soporte para nuestras almas, y para cuando dejemos de encarnarnos, habremos habitado en muchas formas distintas. Todos seremos jóvenes, todos seremos viejos; todos tendremos alguna discapacidad, todos estaremos sanos; todos seremos pobres y sin distinción, todos seremos ricos y famosos. El propósito de la vida es aprender y ascender a partir de nuestras experiencias. A veces tenemos que aprender lecciones difíciles para poder crecer; esto es porque debemos entender a fondo las pruebas de la vida experimentándolas en primera persona.

No importa si no logramos todo lo que se nos propone en una sola vida. A veces se requieren numerosas reencarnaciones para superar una prueba determinada, pero tenga fe. Equilibrar lo físico con lo espiritual puede tardar un tiempo. Vaya poco a poco y sea amable consigo mismo.

A lo largo de este libro le daremos montones de consejos y técnicas mágicas para empezar a vivir su vida con una base más espiritual y brujeril. Los practicantes de distintas partes del mundo tendrán sus propias ideas sobre lo que para ellos significa la brujería. ¡Estas son las nuestras!

Primera parte

ENERGÍAS HOLÍSTICAS PARA EL AMOR PROPIO

Capítulo 1

El kit de herramientas mágicas holísticas

EN ESTE LIBRO HABLAREMOS SOBRE EL BIENESTAR general de una bruja y trataremos muchos tipos de temas físicos y emocionales que podemos aliviar con un par de hechizos. Combinar técnicas prácticas con rituales no hace más que amplificar la magia y, sobre todo, empodera al practicante. Tampoco tiene que gastar mucho dinero en su kit de herramientas, ya que un gran número de ellas nos las da la madre naturaleza. Pero sí debe tomarse un tiempo para reunir o adquirir sus herramientas; cada una de ellas será importante para sus futuras tareas. Preste atención a sus intintos a la hora de elegir y, si se siente cómodo con la herramienta, adelante, úsela.

ARTÍCULOS ESENCIALES
PARA EL ALTAR

Antes de llevar a cabo cualquier tipo de magia, primero tiene que construir su altar, un lugar sagrado que sirva de base para su trabajo mágico. Una mesa pequeña servirá; si no dispone de espacio, puede comprar o fabricar un tablero que pueda guardar cuando no lo use. Nosotras siempre dejamos nuestros altares preparados en una zona accesible de la casa, para poder usarlos sin demora cuando es necesario, pero algunas brujas prefieren mantener su práctica en privado.

Con el tiempo, probablemente acumulará un montón de objetos. Disponga de una caja o un pequeño cofre especial para guardar los objetos más preciados, o bien reserve algunos cajones para el uso específico de los artículos mágicos. A continuación, le ofrecemos una lista de artículos esenciales para su caja de herramientas mágicas holísticas.

Mantel para el altar

El color del mantel que cubra el altar debería estar relacionado con el trabajo que esté haciendo; para rituales de cuidado personal siempre es mejor cubrir la superficie con un paño amarillo o dorado. Este color representa todas las cosas relativas a la salud. El blanco también es aceptable en un hechizo para el bienestar. El lavanda o violeta es un buen color para los hechizos relativos a la plenitud espiritual y el trabajo con los chakras.

Velas

No todo hechizo requiere una vela, pero sí se usan en muchos rituales, así que procure tener siempre unas cuantas de diferentes colores. Existen varios tipos, pero las más comunes son las «velas para hechizos», de unos 10 cm de alto. Son adecuadas porque hay espacio suficiente en la cera para inscribir sus deseos. Las candelitas también sirven porque arden con rapidez, pero el espacio para grabar algo en ellas es limitado. Las velas chatas, que pueden ser altas o bajas pero siempre más gordas —por lo general un mínimo de 5 cm de anchura— son excelentes para grabar. Para los hechizos que no precisen inscripciones, opte por una vela pequeña de cera de abeja. Arden con rapidez y son útiles para un hechizo de última hora.

Lo más importante a la hora de realizar un ritual es su intención, así que si se mentaliza para creer que su hechizo funcionará, tendrá muchas más posibilidades de éxito. Una de las razones por las que una bruja inscribe sus deseos en una vela es simplemente para ampliar esa intención. A veces podría pensar que un hechizo no ha funcionado porque dudaba de la ortografía o porque la inscripción de la vela era tan pequeña que resultaba casi ilegible. Pero el tamaño del texto o las faltas de ortografía no influyen para nada en el resultado. Todo se centra en la intención.

Para los rituales de cuidado personal, asegúrese de tener dos velas blancas grandes y gruesas en la parte posterior (derecha e izquierda) de su altar. Purificarán, bendecirán y complementarán cualquier ritual que realice. Las velas para hechizos, más pequeñas, deberían situarse en la parte frontal o central del altar. Es recomendable usar velas para hechizos amarillas o doradas si no se especifica lo contrario. Una vez completado el hechizo, puede apagar las velas más gruesas y volver a encenderlas en otra ocasión.

Pentagrama

El símbolo de un pentagrama (una estrella de cinco puntas) se usa mucho en la magia ritual. Si no tiene uno ornamentado, dibuje la imagen en un papel o imprímalo de alguna página web. Asegúrese de situarlo siempre en posición vertical, con la punta superior de la estrella hacia arriba, las dos laterales a derecha e izquierda y las dos inferiores apuntando hacia abajo.

Cristal de cuarzo

El cuarzo es un cristal amplificador, lo que significa que potencia y proyecta energía positiva hacia la zona circundante. Poner un cristal pequeño de cuarzo trasparente en el altar durante cualquier hechizo relativo a la salud y el bienestar amplificará la magia.

Platito para rituales

Un objeto obligatorio. Elija un platito ignífugo, por si tiene que quemar incienso u hojas. No emplee cualquier bol que tenga en el armario de la cocina; necesita uno que sea sagrado y que solo utilice para lanzar un hechizo.

Sal

La sal, por lo general contenida en un cuenco sin tapar, limpia y purifica su espacio mágico. A algunas brujas les gusta tener un bol con sal marina o sal de mesa en su altar para consagrar sus herramientas. Por ejemplo, deje los cristales que haya utilizado en un ritual encima de la sustancia salina para que esta los limpie y los bendiga.

Agua de tormenta o de lluvia

Las brujas especializadas en el tiempo meteorológico recogen agua cada vez que cae un chubasco y la embotellan para su uso posterior. Durante una tormenta con rayos y truenos, el agua contiene energía extra, así que asegúrese de dejar un recipiente o un bol de plástico resistente fuera de casa cuando se anuncie una tormenta. Esta agua se utiliza para el baño, para bendecir velas y en lociones y pociones curativas.

Varita

La varita es necesaria para trazar el círculo al iniciar y cerrar cada hechizo. Puede comprar varitas preciosas por Internet, o intentar tallar la suya propia (*véase* capítulo 10). Si decide preparar su propia vara, encontrará buenos tutoriales en YouTube. Tal vez desee reunir una colección de varitas y así poder elegir la que le parezca más adecuada para un hechizo concreto, dependiendo del tipo de madera de la que está fabricada.

Plumas blancas

Las plumas blancas representan todo lo espiritual y le ayudarán a invocar a la deidad que desee antes de iniciar el hechizo. Puede adquirirlas en una tienda de barrio o comprarlas por Internet, aunque lo mejor sería usar las que encuentre en el campo.

EXTRAS OPCIONALES

Es su altar y es usted quien decide, así que cualquier objeto o amuleto que haya confeccionado o se haya encontrado tendrá un lugar en su espacio de trabajo mágico. Las brujas experimentadas suelen tener artículos que representan los cuatro elementos, y siempre es un bonito detalle.

- **Podría poner un platito con tierra o un bol con guijarros en algún lugar del altar para simbolizar el elemento tierra.**

- **Los athames son excelentes para trazar un círculo mágico antes de iniciar un ritual; además, los de cuchilla afilada se pueden usar para inscribir las velas.**

- **A menudo se deja una escoba apoyada en un costado del altar. También puede poner una escoba en miniatura sobre el mismo. Esto simboliza la limpieza de cualquier cosa negativa.**

- **El caldero es un excelente recipiente para cualquier hierba que desee usar. Incluso puede colocar en su interior un bloque de espuma de floristería para sujetar las varitas de incienso.**

- **Una copa sagrada o cáliz es ideal para contener agua de tormenta, e incluso puede servir como recipiente para bendecir las pociones.**

- **Los cristales poseen numerosas y variadas propiedades. Aprenda más sobre sus uso específico para ciertos temas en otro de nuestros libros: *La bruja de los cristales*. Los cristales elegidos según la ocasión añaden un toque extra a un hechizo.**

DÓNDE COLOCAR SUS OBJETOS

Tradicionalmente, el altar de una bruja debería estar de cara al norte, pero en realidad no existen reglas fijas: sus hechizos funcionarán igual sea cual sea la orientación de su altar. La ubicación del altar es algo personal de cada bruja, así que confíe en su instinto, aunque podría colocar los objetos representativos en los siguientes puntos del altar para contribuir al éxito del hechizo:

Norte–Tierra

COLOR DE LAS VELAS Cualquier tono de verde.

OBJETOS Pentagramas ♦ sal ♦ tierra del exterior ♦ metales o cerámica ♦ hierbas y flores ♦ semillas ♦ alimentos secos ♦ piedras o guijarros ♦ cristales.

Sur–Fuego

COLOR DE LAS VELAS Rojo, naranja y marrón.

OBJETOS Velas ♦ encendedores ♦ cerillas ♦ piedras volcánicas ♦ especias ♦ flores naranja o amarillas ♦ imágenes o figuritas de gatos, leones, tigres o dragones.

Este–Aire

COLOR DE LAS VELAS Amarillos, crema y dorado.

OBJETOS Plumas ♦ athames ♦ espadas y cuchillos ♦ varas ♦ móvil de campanillas ♦ campanas ♦ incienso ♦ aceites para untar ♦ imágenes o figuritas de ángeles o hadas, o deidades y pájaros, libélulas o mariposas.

Oeste—Agua

COLOR DE LAS VELAS Azul, turquesa, blanco.

OBJETOS Cálices ◆ agua de tormenta o de lluvia ◆ conchas marinas ◆ bola de cristal ◆ espejos ◆ algas marinas ◆ arena ◆ vino (blanco, tinto o rosado) ◆ imágenes o figuritas de sirenas, peces, delfines o ballenas.

Siempre que lance un hechizo, tome una foto de su altar como referencia futura. Puede guardar estas imágenes en su diario.

EL LIBRO DE SOMBRAS

A la mayoría de las brujas les gusta llevar un registro de sus prácticas mágicas para anotar los ingredientes que usan y comparar más tarde el resultado de los hechizos. El diario o cuaderno que se usa para este propósito se llama libro de sombras o grimorio. No hace falta gastar mucho dinero, cualquier cuaderno de tapa dura servirá. Yo (Leanna) tengo montones de ellos, todos diferentes pero todos repletos de información. En uno puedo tener una lista de las fases lunares de ese año en particular para saber cuál es el momento adecuado para lanzar un hechizo, y otro contendrá una lista de las hierbas que me gusta usar, con la correspondencia mágica escrita tras su nombre. También me gusta empezar un cuaderno nuevo cada principio de año. Puede que anote mis sueños o cualquier experiencia psíquica que tenga, y que registre los hechizos que realizo, dejando un apartado al final para anotar el resultado del ritual.

A la mayoría de las brujas les encanta coleccionar todo tipo de libros sobre la wicca. Cuando quiera realizar un hechizo concreto y necesite comprobar cuáles son los mejores ingredientes para el mismo, puede ser difícil recordar en qué libro y en qué página está la información, sobre todo si usted es como yo y posee centenares de ellos. Para facilitar las cosas, mientras leo copio cualquier cosa que me parezca interesante o útil en uno de mis propios libros de sombras. Es una referencia directa y, sobre todo, le permite acceder fácilmente al conocimiento de otras brujas y combinar un hechizo con otro; esto suele potenciarlos. Actualmente se venden unos cuadernos preciosos; seguro que sus seres queridos no tendrán problema en saber qué regalarle para su cumpleaños o para celebrar los solsticios.

¿De qué modo me puede ayudar a crecer y a aprender?

A veces decido acostarme temprano y pasar la velada en la cama con mis diarios. Si registra sus hechizos y toma nota de cada uno de ellos, eso le ayudará a refrescar la memoria. Las mezclas de aceites y de hierbas se olvidan fácilmente, así que tendrá este maravilloso recordatorio a mano siempre que necesite reflexionar.

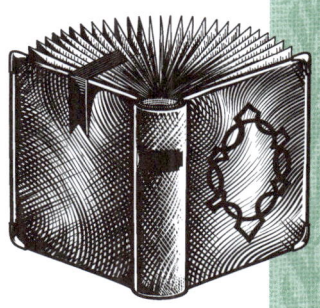

¿Puedo compartirlos con otras personas?

Yo nunca he mantenido en secreto mis fórmulas para hechizos. Hoy día, a las brujas les gusta compartir información con otros compañeros, y muchas se incriben en foros en línea o crean blogs o canales de YouTube, dando demostraciones que podrían ayudar a otras brujas. Es una forma fantástica de compartir buenas ideas, y siempre hay algo nuevo que aprender.

A la hora de preparar su altar, recuerde que no existe un modo correcto ni incorrecto. Seguir la tradición y disponerlo todo a la perfección es estupendo, cierto, pero a veces tan solo quiere lanzar un hechizo rápido sin pasar horas y horas preparándose. En ocasiones simplemente hemos encendido una vela en el salón o la cocina para ayudar en una situación concreta y el hechizo ha funcionado bien. Al fin y al cabo, todo se reduce a la intención y a su estado mental. No necesitamos una multitud de objetos para que nos ayuden en el ritual. ¡Déjese llevar y haga lo que le parezca correcto!

Capítulo 2

El cuidado espiritual de uno mismo: la magia interior

LA MAGIA ES SEGÚN SE HACE. EN OTRAS PALABRAS, SON su alma y su espíritu los que controlan lo que desea y lo que produce. Alguien que esté resentido puede desear vengarse o causar daño a otros. En cambio, alguien de espíritu luminoso y libre de preocupaciones es más probable que desee dedicar su atención e intención a mejorar el mundo que le rodea. No comentamos esto para juzgar, sino para explicar las diferencias de los propósitos mágicos. (Sí, existen brujas buenas y brujas oscuras.)

Cierto es que todos pasamos por épocas en las que nada sale como queremos y perdemos la esperanza. Forma parte de la experiencia humana. En esos momentos podemos decidir: confabularnos con la energía negativa o buscar algo mejor. Ambas opciones están a nuestra disposición, sea lo que sea lo que nos esté ocurriendo, y ambas requieren el mismo esfuerzo por nuestra parte. Es cuestión de centrarse.

Muchos de nosotros nos hemos enfrentado últimamente a la incertidumbre. En lugar de ceder ante la ansiedad, es el momento ideal para sacar a la luz los pensamientos temerosos, afrontarlos y deshacernos de ellos. En este capítulo hablaremos sobre maneras de sanar el alma y de mantener un espíritu constructivo incluso en épocas de aflicción.

PRACTICAR LA GRATITUD

Habrá visto memes y entradas en las redes sociales que dicen: «Siempre hay algo por lo que estar agradecido». Pues bien, esto no es solo un sentimiento pasajero, ¡es la verdad absoluta! Hay momentos en que resulta difícil expresar gratitud o incluso pensar en algo por lo que estar agradecido, pero, una vez más, estamos hablando de esfuerzo; si tiene miedo, si está enfadado o ansioso, deberá excavar un poco más hondo. Hemos preguntado a varias personas de nuestra comunidad por qué cosas se sienten agradecidos. Estas son algunas de las respuestas:

- **Los buenos amigos**
- **La familia**
- **Despertarse por la mañana**

- **Transporte fiable**
- **Comida en casa**
- **Personas de la comunidad que ayudan**

- **Tener trabajo**
- **Poder levantarse de la cama**
- **Las mascotas**
- **Ser capaz de crear**
- **Las canciones favoritas**
- **La salida de sol/la puesta de sol**

- **La lluvia primaveral**
- **Un hogar cálido y seco**
- **Estar en la naturaleza**
- **La capacidad de ver**
- **Los libros**
- **La medicina moderna/ buena salud**

Esta lista podría ocupar páginas enteras, pero ya se hace una idea. Incluso las cosas que parecen nimias, como levantarse de la cama por la mañana o prepararse un buen desayuno, son algo que debemos apreciar. Una persona comentó: «Estaba teniendo un día horrible, cuando vi salir de su coche a un hombre que iba en silla de ruedas y pensé: «Yo ni siquiera pienso en lo fácil que me resulta moverme. He estado de mal humor todo el día y resulta que esta persona, que podría pensar que su vida es muy dura, sonríe y saluda amablemente a las personas del aparcamiento». Esa breve experiencia me dio una nueva perspectiva. Pienso en ella todos los días; no es que sintiera pena por ese hombre, sino que su espíritu era más fuerte que cualquier limitación física».

Todos tendemos a dar por sentadas ciertas cosas, razón por la cual es tan importante detenernos a pensar en todo lo que tenemos y podemos disfrutar. Reflexione un rato sobre su vida, sus logros, sus objetivos, sus capacidades y las cosas que ha superado. ¡Redacte su propia lista de gratitud y celébrelo! Personalice su ceremonia incluyendo las cosas por las que mayor gratitud siente. Por ejemplo:

- **Si siente un amor desbordante** por su familia y sus amigos, invítelos a participar en un círculo de plegaria o ceremonia. Empiece por expresar lo que siente por ellos y anime a los demás a hacer lo mismo.

- **Dé las gracias por la naturaleza** dando un paseo o yendo de excursión sin ninguna distracción. Dése la oportunidad de admirar las vistas, los sonidos y los aromas del bosque, del desierto o la playa… ¡de allí donde su espíritu errante le lleve!

- **Antes de salir de la cama** por la mañana, tómese un minuto para dar las gracias por su salud, su trabajo, su hogar o el perro que le espera a su lado.

- **La meditación** siempre es una forma excelente de conectar con sus guías espirituales, los ángeles, el universo, el Espíritu —o como llame usted a su poder superior— y de expresar su gratitud. Después de dar las gracias por personas, lugares o cosas concretas, puede que desee añadir algo más: «Por favor, abre mis ojos a las cosas por las que todavía no he dado las gracias. Permíteme ver el valor que tienen en mi vida». (*Véanse* las páginas 4 y 25-29 para más detalles sobre la meditación.)

Elementos místicos para rituales de gratitud

Siempre puede incorporar elementos místicos a su ritual de gratitud, como los siguientes:

- **Las velas blancas** se usan para propiciar la paz y la armonía y representan la unidad de espíritu.

- **Otras velas** representan (literalmente) la luz que brilla en la oscuridad.

- **Un cristal o colgante de angelita** eleva el espíritu y potencia su intención.

- **La amatista** aleja la ansiedad, el miedo y la tristeza. ¡Las energías negativas no tienen nada que hacer cuando hay una amatista presente!

- **El cuarzo rosa** es la piedra del amor universal y la aceptación. Es el cristal perfecto para usar si ha experimentado un cambio importante en su vida y anda buscando los aspectos positivos de su nueva situación. Asimismo, favorece la sanación espiritual y la paz interior.

- **Un toque de aromaterapia.** La lavanda ayuda a relajarse. El incienso mejora la concentración. Los aceites de cítricos elevan el ánimo.

En el próximo apartado hablaremos sobre cómo enfrentarse a situaciones especialmente duras, esas que no parecen contener nada bueno. De momento, tómese un tiempo para explorar los tipos de rituales que cree que serán más adecuados para usted. Anote los elementos que necesitará: personas, piedras, música, velas, y haga realidad su ritual.

RESTABLECER LA ARMONÍA

Algunos de ustedes podrían decirse: «Es muy fácil para ti escribir sobre gratitud, ¡pero mi vida no es nada fácil! Nada me sale como quiero. No tengo nada por lo que estar agradecido». Es cierto, hay situaciones capaces de doblegarnos, espiritualmente hablando, y esto es verdad incluso para las personas que parecen tenerlo todo de cara. Es en esos momentos en que es especialmente importante encontrar un destello de luz o de esperanza al que aferrarse, para que nos sostenga hasta que la crisis amaine.

Cuando la vida nos golpea y perdemos nuestro centro espiritual, o bien esperamos a que las cosas se equilibren por sí solas o pasamos a la acción. Lo que decida puede conducir a resultados drásticamente diferentes en los años venideros. No hay duda de que buscar un punto de luz en una situación terrible es, como mínimo, un desafío. Hace falta un gran esfuerzo para enfrentarse a la tentación de dejarse llevar por la energía negativa. Por otro lado, se requiere muy poco esfuerzo para encontrar un espacio espiritual oscuro. Pero esa oscuridad puede dañar de forma irrevocable su alma si permanece en ella demasiado tiempo.

Además, su salud física está relacionada con su salud espiritual. La ansiedad, el miedo o la ira prolongados se cobran un precio y pueden provocar insomnio, presión sanguínea elevada, trastornos digestivos, problemas de concentración y memoria, dolores de cabeza, de espalda… y toda una serie de dolores y afecciones.

Comprendemos la importancia de mantener una salud energética. Hablemos de cómo un espíritu estresado o dañado puede recuperar el bienestar.

Meditación

Tomarse unos minutos al día para hacer una pausa espiritual le puede dar una nueva perspectiva, en especial si se siente muy emotivo, enojado o estresado. Para muchas brujas la meditación es como dar un paso para salir de la situación y escapar a su lugar espiritual, y de este modo sentirse renovadas cuando reanudan su trabajo mágico.

Debería meditar un mínimo de diez minutos al día. La meditación ofrece una serie de beneficios para la salud del cuerpo y la mente:

- Baja la presión sanguínea y mejora la salud cardiovascular
- Reduce la ansiedad
- Facilita la toma de decisiones
- Aporta un sentido de bienestar general
- Fomenta la creatividad
- Mejora la calidad del sueño

La meditación no precisa otra cosa más que su tiempo, esfuerzo e intención. Reserve diez minutos para concentrarse en su objetivo, ya sea simplemente relajarse, tener pensamientos positivos, mejorar la creatividad o potenciar uno de los objetos de su altar sosteniéndolo en las manos mientras medita. Puede tumbarse en el suelo sobre una alfombra o alfombrilla (si cree que se quedará dormido, mejor estar sentado), respire hondo unas cuantas veces y empiece (en la página 4 sugerimos algunas técnicas, y encontrará otras a lo largo del libro). Algunas de las cosas con las que podría experimentar durante su meditación son:

- Conectar con sus guías espirituales
- Expresar gratitud
- Visualizar resultados positivos
- Explorar sus sueños y deseos
- Repetir un mantra

Además de los beneficios directos asociados con la meditación, muchas personas descubren que la mejora en el estado de ánimo, el sueño y la salud conducen a mejoras en las relaciones, la productividad en el trabajo y una perspectiva más positiva sobre la vida en general. Solo hay un problema: a algunas personas les resulta extremadamente difícil aquietar la mente y entrar en un estado meditativo. Dicen que les distraen los pensamientos y abandonan la idea de la meditación. En estos casos, les podría ir bien una meditación guiada. La práctica consiste en escuchar una narración que le va conduciendo por un paisaje o situación. Por ejemplo, el narrador podría empezar diciendo: «Imagínese como una hoja flotando en la brisa. Sienta lo ligera que es mientras la mece el viento…». El relato continúa a partir de allí. Su tarea es concentrarse en las palabras del narrador y sentir lo que sugiere la historia.

Encontrará montones de ejemplos en Internet simplemente buscando «meditación guiada». También puede convertirse en narrador para otra persona utilizando su lado creativo. Esto podría ir de maravilla para un niño a quien le cueste dormirse, o para un ser querido que no se encuentre bien.

Técnica del 8-2-8

Para una meditación rápida, pruebe lo siguiente:

Prepare un lugar tranquilo y cómodo donde no le distraigan. Siéntese en una silla. Cierre los ojos y active sus sentidos. Sienta el asiento de la silla; escuche la respiración; huela el aire. Respire más lentamente. Inhale a la cuenta de 8; retenga el aire a la cuenta de 2; exhale a la cuenta de 8. Repita.

Cuando sienta que empieza a relajarse, visualícese físicamente soltando las emociones negativas como si fueran vapor saliendo del cuerpo. Otra forma es imaginar que inhala energía nueva y fresca y que exhala la energía nociva. Concéntrese en atraer energía sanadora hacia su aura.

Repita esta práctica todos los días. Finalice la meditación expresando gratitud, al principio por solo una o dos cosas. Intente añadir cada día algo nuevo por lo que sentirse agradecido.

Técnica del 4-7-8

La técnica del 4-7-8 es otro ejercicio excelente. Inspire gradualmente por la nariz a la cuenta de 4, retenga el aire a la cuenta de 7. Poco a poco exhale por la boca a la cuenta de 8. Repita el ciclo, concentrándose todo el rato en la respiración. Fíjese en que al inhalar el aire es más fresco y al exhalar más caliente. La mente podría empezar a divagar, y a pensar en temas o problemas cotidianos. Si esto ocurre, imagine que pone estos pensamientos inoportunos en algún tipo de recipiente. Deje estos problemas y preocupaciones para otra ocasión.

Al cabo de un rato se sentirá más liviano; esto es el preludio de una proyección astral y no debe preocuparle. ¿Qué siente? ¿Oye alguna voz en su cabeza? ¿Qué le podría estar diciendo? Algunas personas dicen que oyen música etérea o campanas sonando en la distancia. Concéntrese en los sonidos y escuche. A menudo surgirán visiones tras los párpados cerrados, que tal vez desee anotar en su diario más tarde. Algunas personas han afirmado incluso ver retazos de sus vidas anteriores durante este tipo de meditación.

Lleve un diario de sus meditaciones para el restablecimiento del equilibrio, añadiendo una breve nota sobre cómo se sentía ese día, qué métodos le fueron mejor para relajarse, lo que vio durante la meditación, etcétera. Con el tiempo, verá que se forma un patrón: emociones más saludables antes de meditar (porque recogerá los frutos de la práctica del día anterior) y una mayor comprensión después de la sesión.

Atención plena

Hoy día oímos mucho la expresión *atención plena*. Nos dicen que actuemos con atención plena, que comamos con atención plena, que nos comuniquemos con atención plena. Pero ¿qué significa esto?

A decir verdad, existen distintas formas de ser consciente, pero todas ellas se centran en el momento presente y en prestar atención a lo que estamos haciendo. Todo el mundo está tan ocupando realizando múltiples tareas a la vez y pensando en qué tiene que hacer después, que muchos de nosotros pasamos el día con el piloto automático conectado. Cuando una bruja se enfrenta a esta situación, la meditación es obligatoria para reorientar su atención y concentrarse en lo importante.

Piense en algunas de estas situaciones:

¿Le ha preguntado a alguien cómo se llama y ha olvidado el nombre casi al instante?

¿Alguna vez conduce hasta el trabajo, la tienda o la casa de un amigo y se da cuenta de que no recuerda por dónde pasó?

¿Cuántas veces al día entra en una habitación y se dice: «¿Para qué he venido?».

¿Le ha pasado que alguien comente una conversación que mantuvo con usted, y piense: «Esto suena como algo que yo podría haber dicho, pero no recuerdo habérselo dicho a esta persona?».

Todos ellos son casos sin demasiada importancia, pero sí nos indican que deberíamos ir más despacio y prestar más atención.

Se cree que Buda dijo: «No permanezcas en el pasado. No sueñes con el futuro. Concentra la mente en el momento presente». Llevando esa idea hasta el extremo, tenemos que reconocer que incluso cinco minutos atrás ya es el pasado. Cinco minutos a partir de ahora es el futuro. Tenemos que centrarnos en el aquí y ahora, algo que no resulta fácil en esta era tecnológica en la que se quiere y necesita siempre más, más, más.

Una forma de salir de un momento de angustia causado por la preocupación o la ansiedad (o, en un caso extremo, un ataque de pánico), es activar todos los sentidos posibles. Por ejemplo:

- **Sienta la silla donde está sentado.** ¿Es dura o blanda? ¿Caliente o fría? ¿Cómoda o incómoda?

- **Huela el aire.** ¿Hay alguna vela encendida en la casa? ¿Nota olor a primavera en el aire? ¿Puede oler el pelaje mojado de su perro?

- **¿Nota algún gusto?** ¿Se ha tomado hace poco una taza de café o comió algo con ajo para el almuerzo?

- **Concentre su visión en una sola cosa,** como un reloj o una vista agradable, una flor o la foto de un ser querido.

- **¿Qué oye?** Escuche con atención para ver si oye algún sonido de fondo, como el tictac de un reloj o un camión circulando por la autopista.

Los estudios han demostrado que activar los sentidos de este modo distrae al cerebro de pensar en las preocupaciones. Como resultado, la presión sanguínea baja, la respiración se hace más lenta y empieza a sentirse más calmado. Esto produce una reacción en cadena, porque una vez calmado probablemente seguirá por ese camino hasta estar relajado por completo. Pero lo contrario también es cierto: si empiezan a dominar los sentimientos de pánico, desencadenarán un pánico mayor. Por ello es mejor detectar estos sentimientos al principio y detenerlos.

Otra idea es probar a dar un paseo con atención plena, algo similar al ejercicio mencionado, solo que en movimiento. Procure pasear por una zona donde se sienta cómodo (por ejemplo, quien vive en una ciudad probablemente no se sentiría seguro andando solo por un camino rural, y viceversa) y, mientras lo hace, tome nota de:

- **¿Qué siente?** ¿El aire es frío o cálido? ¿Húmedo o seco? ¿Sopla el viento o no?

- **¿Qué huele?** ¿Alguien ha encendido una hoguera en el campo? O, en la ciudad, ¿nota el aroma del pan recién horneado, o de un café recién hecho?

- **¿Nota algún gusto?** En este caso también podría tratarse de restos de una comida que tomó hace un rato, o, si hay algún olor intenso en el aire, ¡podría notar el sabor del olor!

- **¿Qué ve?** Este ejercicio es algo diferente y no se concentrará en una única cosa, como en el anterior. ¿Qué le llama la atención durante el paseo? ¿Se fija en lo que hay a su alrededor o anda mirando el suelo?

- **¿Qué oye?** Existen tantos sonidos en el exterior que seguramente oirá una gran variedad. Pruebe a concentrarse en los sonidos que solemos ignorar: el tráfico, la brisa, el piar de los pájaros o las voces procedentes de una tienda.

Un baño de bosque

El *shinrin-yoku*, o «baño de bosque» es una práctica japonesa de atención plena que surgió en la década de 1980 y cuyo fin es restablecer la armonía del alma. Parte de la teoría subyacente es que el ser humano evolucionó en la naturaleza y es allí donde necesitamos ir para recargarnos y restablecer el equilibrio. Las vistas y los sonidos del bosque son terapéuticamente esenciales cuando nos sentimos mal y decaídos. La naturaleza cura la mente y regenera el espíritu.

Se ha demostrado que el baño de bosque baja la presión sanguínea y alivia la depresión, la ansiedad y el insomnio. Nos ofrece la oportunidad de retirar las telarañas mentales y sentar una base para pensamientos y prácticas más serenos. El baño de bosque es una experiencia dinámica, cada vez que se practica se siente diferente. Aunque el bosque que visite puede tener cientos de años, la vida de su interior cambia constantemente. Los animales van y vienen, dependiendo de la hora del día o de la estación del año. En zonas templadas, los árboles son todo un espectáculo cuando las hojas cambian en primavera, verano u otoño, antes de que el bosque descanse durante el invierno. El sol, la lluvia, la nieve y el viento modifican la sensa-

ción y el olor del bosque. Aunque tenga un lugar favorito, puede que presente un aspecto diferente cada vez que acuda a él.

No es necesario estar en un bosque de miles de hectáreas para obtener beneficios del baño de bosque. Puede hacerlo en un parque o en su jardín, en cualquier lugar donde pueda rodearse de naturaleza durante un tiempo. Estas son algunas sugerencias para sacar el máximo provecho de la experiencia:

- **Deje en casa el teléfono móvil.** Es su momento de reconectar con el mundo natural ¡y no hay nada menos natural que el teléfono del que tanto dependemos! El objetivo es estar con atención plena en el momento presente. No tiene que subir esta experiencia a las redes sociales, ni tomar fotografías. Simplemente esté en la naturaleza.

- **Muévase libremente, sin expectativas.** Camine por el parque, el bosque o jardín con una única intención: disfrutar del momento. Relájese. Es su momento.

- **Llene sus sentidos.** Dése tiempo para observar el entorno. Sienta la brisa, huela la tierra, escuche el corretear de los animales. Sostenga una piedra fría, pase la mano por la corteza áspera de un arce. Absorba la tranquilidad de estos instantes, siéntala en el corazón, en la mente. Se cree que el canto de los pájaros influye sobre el modo en que crecen las hojas; piense en el efecto que este hermoso sonido puede tener en su alma.

- **Deténgase. Siéntese.** No viva esta experiencia a toda prisa. Encuentre un lugar cómodo y relájese un rato. Si va a un parque podría traer de casa una manta o una silla.

- **Sea todo lo silencioso que pueda.** Si le acompaña un amigo en esta aventura, intente hablar lo menos posible hasta salir del bosque o del parque. Esto permitirá que los dos experimenten la experiencia en la naturaleza cada uno a su manera. Después comparen notas: ¿Hubo algo que destacó para uno de los dos? ¿Uno notó algo en lo que la otra persona no se fijó?

Llévese parte de esta práctica a su casa creando un altar para la naturaleza. Incluya cosas que se encuentre por el camino (por supuesto, sin perturbar ni destruir el entorno natural): piñas, hojas caídas, piedras. Puede incorporar también una planta de interior, un cactus o un bonsai para recrear la sensación de estar en plena naturaleza.

LA REFLEXOLOGÍA
Y SUS PUNTOS DE PRESIÓN

Hemos hablado de que el cuerpo, la mente y el espíritu forman una unidad. Cuando uno de ellos no anda bien, los demás se desequilibran. Piense en el cuerpo como una red de líneas de energía que discurre en todas las direcciones, pero no de forma caótica, sino perfectamente ordenada. A lo largo de estas líneas se encuentran ciertos puntos de presión que transmiten energía a puntos concretos. Los puntos de las manos y los pies son fácilmente accesibles y componen la práctica de la reflexología. Numerosas brujas están aprendiendo este arte; Leanna conoce a unas cuantas que lo han estudiado y lo han integrado en su práctica.

Se ha demostrado que la reflexología es un medio seguro y eficaz de reducir el estrés e incrementar las endorfinas, las hormonas del bienestar. Cuando las endorfirnas aumentan, el dolor disminuye, la calidad del sueño mejora y el ánimo empieza a levantarse. De pronto, su visión de la vida es diferente y es capaz de encontrar soluciones a problemas que solo unos días atrás parecían insuperables.

LIBERACIÓN DE LA ANSIEDAD. Pruebe a masajear el así llamado punto reflejo del corazón. Para encontrarlo, sostenga una mano con la palma hacia arriba. En el lado del dedo meñique, vaya al doblez donde termina la palma y empieza la muñeca. Notará una pequeña hendidura. Este es el punto reflejo del corazón. Masajee un minuto y pase a la otra muñeca.

ALIVIAR LA TENSIÓN Y EL ESTRÉS. El punto reflejo del cerebro se encuentra en el dedo gordo del pie. Para aliviar el estrés, frote el dedo gordo con el pulgar, hacia arriba y hacia abajo, y también de un lado al otro del dedo. Repita de 30 segundos a un minuto y después pase al dedo del otro pie.

Si acumula mucha tensión en hombros, cuello, mandíbula o cabeza (la tensión acabará produciendo dolor de cabeza), pruebe con el punto reflejo de la zona temporal, que se halla en el borde interior del dedo gordo del pie. Presione con el pulgar el dedo gordo, a lo largo de la uña, y baje hasta la base del dedo. Levante el pulgar y repita el movimiento de 30 segundos a un minuto. Repita el proceso con el dedo gordo del otro pie.

ELIMINAR LA PREOCUPACIÓN. El bazo se asocia con la preocupación, el pensar demasiado y las cavilaciones. Limpiar la energía «estancada» del bazo ayudará a eliminar también estos pensamientos. El punto reflejo se encuentra exclusivamente en la planta del pie izquierdo. Para hallar el lugar exacto, imagínese que divide el pie en cuadrantes, con una línea vertical y otra horizontal. El punto del bazo está en el borde exterior del pie izquierdo justo por encima de la línea horizontal imaginaria. Presione con el pulgar y frote arriba y abajo de 30 segundos a un minuto.

DESCANSO TRANQUILO. Si le cuesta conciliar el sueño, pruebe con el punto reflejo del riñón, que aleja el exceso de energía de la cabeza y la mente y le permite descansar en paz. Para encontrar el punto, imagine de nuevo que divide ambas plantas de los pies en cuadrantes. El punto del riñón se halla en el cuadrante interior superior (hacia la parte interior del pie, sin llegar del todo a la parte central). Presione el punto con el pulgar y haga un movimiento circular, subiendo y bajando más o menos un centímetro, de 30 segundos a un minuto.

Intente convertir su práctica de reflexología en un ritual combinándola con música y un baño relajante, una vela o un poco de aromaterapia (*véanse* págs. 37-39 para más información sobre aromas).

Inunde los sentidos de aromas

La aromaterapia se remonta a los antiguos egipcios, babilonios, indios, chinos y griegos, que ofrecían aromáticas flores, aceites e inciensos a sus deidades y los usaban en perfumes y en tratamientos medicinales. En la Edad Media se creía que el aroma de las hierbas y flores secas protegía contra los efluvios malignos que había en el aire, causantes de la peste y otras enfermedades. Las personas llevaban encima mezclas de hierbas o las quemaban como incienso. El célebre médico y pensador persa Avicena empezó a destilar aceites esenciales en el siglo xi. Cientos de años después, en 1937, el químico francés René-Maurice Gattefossé escribió sobre el tema en su tratado *Aromathérapie: Les huiles essentielles, hormones végétales* (Aromaterapia: aceites esenciales, hormonas vegetales).

En épocas recientes, la aromaterapia ha resurgido como medio legítimo de potenciar y sanar la energía. De hecho, seguramente se ha tropezado con algún difusor de aceite esencial durante su día: en la consulta del médico, en una tienda, en el gimnasio, en casa de un amigo. Muchos profesionales de la salud mental ofrecen aromaterapia como tratamiento suplementario. Por ejemplo, cuando llega a una cita, su terapeuta le podría preguntar si quiere un poco de lavanda tranquilizante, ya sea en difusor o en una bola de algodón. Los masajistas también incluyen de forma regular algún aceite esencial en sus aceites y lociones para el masaje.

El aromaterapeuta trabaja con el estilo de vida de la persona, el signo astrológico, la personalidad y las condiciones previas para crear una mezcla de aceites esenciales exclusiva para el cliente que sane cuerpo y espíritu. Hay profesionales que afirman que es bueno empezar con el signo astrológico para dar con el aceite más eficaz. ¿Qué dicen los astros sobre los aromas?

ARIES → ROMERO Aries es emprendedor y no tiene tiempo para tonterías. El aroma del romero es penetrante y directo, es un estímulo para un día ajetreado. Mézclelo con un poco de lavanda o bergamota para aliviar la tensión.

TAURO → ROSA Tauro se acerca a cualquier situación con confianza y osadía, igual que el intenso aroma de las rosas. Ambos son especialmente intensos y no se les puede dominar. Use sándalo e incienso como aceites complementarios si empiezan a surgir sentimientos de duda e inseguridad.

GÉMINIS → ALBAHACA Intensa y versátil, la albahaca refleja la intensidad de Géminis y su costumbre de involucrarse en todo. Su aroma sirve para estimular una mente cansada, pero también se usa en la cocina en una variedad de recetas. Pruebe a utilizar salvia esclarea y rosa para centrarse cuando tenga un día muy ocupado.

CÁNCER → MANZANILLA AZUL A este signo le gusta cuidar de los demás, y la manzanilla azul encaja perfectamente con esta energía. Posee una naturaleza que calma, como Cáncer, y es ideal para aliviar los problemas estomacales a los que este signo es propenso. Añada un poco de aceite de canela para animar las cosas y aportar energía.

LEO → JAZMÍN Leo no tiene nada de tímido, por lo que el jazmín es el aroma perfecto para el signo. Es complaciente y atrevido, como la personalidad de Leo. Asimismo, es un aroma estival, que refleja la mentalidad y el temperamento del signo. La bergamota y el ylang-ylang son buenos compañeros, pues calman la ocasional pero intensa irritación de Leo.

VIRGO → LAVANDA La persona Virgo es encantadora y afectuosa, como la lavanda. Son los primeros en responder a cualquier crisis y los últimos en considerarse un héroe. El signo se asocia con las diosas madre y la época de la cosecha. El aceite de menta y el de cedro son buenos compañeros que estimulan la concentración de Virgo y le dan energía sanadora a su personalidad altruista.

LIBRA › GERANIO La persona Libra suele concentrarse en lo que es justo, y en cómo equilibrar la balanza. El geranio se usa como aroma equilibrador en aromaterapia, por lo que resulta perfecto para este signo. Si el olor del geranio le resulta demasiado intenso, añada un poco de palmarosa, un tipo de hierba que quizás le guste más.

ESCORPIO › PACHULÍ Los Escorpio son conocidos por su energía profunda y sensual. El pachulí se ha usado como afrodisíaco durante siglos, por lo que es ideal para este signo. El jengibre y el limón son buenos compañeros porque aportan un toque fresco y ligero al carácter terrenal del pachulí.

SAGITARIO › PIMIENTA NEGRA El Sagitario no se anda por las ramas, ni tampoco la pimienta negra, de estimulante aroma. El Sagitario rebosa energía y a veces dice las cosas sin pensar. El palisandro puede ayudar a suavizarlo y a devolver el equilibrio a la energía sagitariana.

CAPRICORNIO › VETIVER Este signo es como un niño mayor: responsable, extremadamente trabajador y bien enraizado. El vetiver es un aroma terroso que juega con la ambición y la serenidad del Capricornio. El sándalo amyris combina bien y facilita la relajación cuando el Capricornio ha estado trabajando demasiado.

ACUARIO › NEROLÍ Acuario suele parecer distante, viviendo en su propio mundo, ensimismado y feliz en su propia compañía. El nerolí es un estupendo aceite de meditación que ayudará al Acuario a poner en orden todos esos pensamientos. La mejorana es una buena adición porque ayuda a calmar la ansiedad que sufren muchas personas que piensan demasiado.

PISCIS › MELISA Piscis es el signo de agua más característico y la melisa tiene un alto contenido de agua, por lo que forman la pareja perfecta. El signo es muy compasivo y absorbe la energía oscura de otros, y la melisa alivia la ansiedad y la depresión. La canela combina bien con la melisa y fomenta las cualidades psíquicas innatas de Piscis.

MECÁNICA CUÁNTICA: LA NUEVA MAGIA

En este capítulo se ha hablado mucho de meditación, hechizos y de hacer realidad los pensamientos, pero no estaría completo sin tocar el tema de la mecánica cuántica, una teoría de la física relativa a las partículas atómicas y subatómicas. La palabra *física* le puede hacer retroceder, ¡pero le prometemos que no habrá ningún examen! De hecho, una vez entienda el concepto de mecánica cuántica, se sorprenderá de cómo puede controlar la energía que le rodea.

La física cuántica afirma que, vistas desde el nivel subatómico, las partículas no se comportan de la forma esperada. Existe un famoso experimento llamado de la doble rendija que demuestra lo siguiente:

- Se hace pasar un rayo láser por una placa con dos rendijas estrechas y paralelas, y la luz atraviesa la placa hacia una pantalla.
- La mayoría de las personas esperarían ver dos líneas de luz en la pantalla, pero esto no es lo que ocurre. La luz aparece en franjas más cortas.
- Esto se debe a que las partículas de las ondas luminosas interfieren entre sí y se anulan mutuamente en ciertos puntos de sus ondas respectivas.

La luz es energía y todos estamos compuestos de energía y rodeados de energía, que se puede manipular con ciertas fuerzas, como nuestra conciencia e intención.

Es un tema apasionante, pero lo que es importante para nosotros es que podemos manipular las energías concentrándonos en lo que queremos manifestar. Después de todo, esta es la definición de la magia, y cuando hablamos sobre meditación o del uso de cristales, cantos o música en la

realización de hechizos, esto es lo que hacemos: influir sobre las fuerzas y las energías que nos rodean.

Pruebe con estos fáciles y divertidos experimentos:

- Durante la meditación, envíe amor a alguien que últimamente se ha mostrado más bien desagradable.

- Concéntrese en algo que desee materializar. Crea que ya ha sucedido.

- Cree una política de pensamiento cien por cien positivo durante 24 horas. Si oye alguna noticia negativa, intente buscar la parte positiva en ella. Observe qué ocurre.

Recuerde que todos formamos parte de una energía unificada, y que influimos en la forma que esta cobra. Hagamos todo lo posible para que sea lo más hermosa, próspera y luminosa posible.

La persona más importante es usted

Todo lo que hemos tratado en este capítulo tiene relación con cuidar del mejor modo posible de su parte física y espiritual.

No se trata de un lujo ni de algo por lo que deberíamos sentirnos culpables. No podemos cuidar de nadie si nosotros no estamos bien. No podemos hacer grandes cambios en el mundo si nos sentimos heridos o tenemos miedo. Es crucial mirar hacia nuestro interior y sanar esas viejas heridas antes de poder avanzar de forma eficaz, entendiendo bien nuestra motivación.

Quizás se percate de que no ha cuidado de sí mismo, que está estresado, que todos los días se siente tironeado en múltiples direcciones. «¿Cómo puedo cambiarlo?», se pregunta. «Tengo una vida muy ocupada. ¡No tengo tiempo para meditar!». La respuesta es simple y tal vez un poco exasperante: procure sacar tiempo de donde pueda. La meditación puede consistir en solo cinco o diez minutos. Pasee al aire libre durante la pausa del almuerzo o siéntese en el jardín cuando los niños se hayan dormido. Use un poco de aromaterapia en el baño o ponga unas gotas de aceite en una bola de algodón y manténgala cerca de su mesa de trabajo. Construya un altar para el cuidado personal en su casa, con fotografías suyas de momentos felices o en que rebosaba energía. Equilibre sus chakras y limpie el aura (*véase* capítulo 3).

Existe un antiguo dicho muy sabio: «Llena primero tu taza, porque no puedes servir con una taza vacía». Sánese usted primero y verá como el mundo sigue su ejemplo.

Capítulo 3

Chakras, auras y sahumerios

LA PALABRA SÁNSCRITA *CHAKRA* SIGNIFICA «RUEDA» O «girar». Las tradiciones yóguicas hindúes y budistas tántricas describen los chakras como centros energéticos o ruedas de energía que «giran» como engranajes en puntos específicos del cuerpo humano. Existen siete chakras principales, desde la parte superior de la cabeza hasta la base de la columna vertebral, cada uno de ellos asociado con una parte concreta del cuerpo físico y con un atributo espiritual. Cuando un chakra se bloquea o desequilibra, su salud física y espiritual se pueden ver afectadas. Si todos los engranajes giran como deben, el cuerpo está equilibrado y usted se siente bien.

Pero pongamos que uno de ellos se estanca, le falta uno de sus «dientes» o está dañado de un modo u otro; entonces el cuerpo pierde su sincronización y el resultado es que usted se siente mal. La energía que normalmente circula por el cuerpo sin problema se volverá más lenta o incluso se bloqueará por completo. Es imprescindible que al cuidar de nuestro cuerpo físico prestemos también atención a nuestros campos energéticos internos.

Estos son los siete chakras:

CHAKRA RAÍZ (O BASE)

En la base de la columna vertebral. Este centro energético le mantiene arraigado y le hace sentir seguro. Si se desequilibra, le entrará el pánico o pasará al modo de supervivencia.

CHAKRA SACRO

En el bajo abdomen, por debajo del ombligo. Es un centro de placer y se asocia con las buenas relaciones y la creatividad. Un desequilibrio en este punto le deja sin interés por las actividades habituales y a menudo sin deseo sexual. También puede tener el efecto opuesto y que las emociones se descontrolen.

CHAKRA DEL PLEXO SOLAR

Situado en la parte superior del abdomen, justo debajo del diafragma. Es el centro energético que alimenta su confianza, poder y sabiduría. Cuando el chakra no funciona correctamente, puede desbaratar sus emociones, tal como ocurre en el caso anterior. Personas que suelen ser tranquilas se salen de sus casillas o experimentan ataques de irritabilidad.

CHAKRA DEL CORAZÓN

Como puede suponer, este chakra se encuentra en el centro del pecho y alimenta el amor, la compasión y la sanación. Si este punto se desequilibra, experimentará tristeza o celos, sentirá que no le quieren y criticará en exceso a los demás y a sí mismo.

CHAKRA DE LA GARGANTA

Situado en el cuello, es el chakra que alimenta su voz, sus opiniones y su capacidad de comunicación. Un desequilibrio en este punto le hará sentir incapaz de expresarse bien y creerá que nadie tiene en cuenta su juicio o sus ideas. Se puede sentir juzgado, lo que dificulta la expresión de su verdad.

CHAKRA DEL ENTRECEJO (O TERCER OJO)

Se sitúa en el centro de la frente, por encima de las cejas. Alimenta su conciencia y su visión. Los bloqueos en este punto se pueden manifestar como una sensación nebulosa o una tendencia excesiva a la ensoñación. También podría tener dificultades para tomar decisiones o para pensar de forma lógica.

CHAKRA DE LA CORONILLA

Situado en la coronilla, es el centro de la espiritualidad, de la conciencia plena y de la iluminación. Cuando este chakra no funciona, se sentirá angustiado y desconectado de todo y de todos, como si no pudiera marcarse objetivos ni seguirlos.

Cuando todos estos centros energéticos giran correctamente, la energía positiva circula por el cuerpo y el espíritu a un ritmo óptimo. ¡Se sentirá de maravilla! Tendrá objetivos, esperanza en el futuro y buenas relaciones; asimismo, sus emociones estarán bajo control.

Si siente alguno de los síntomas siguientes, es probable que uno o varios de sus chakras estén desequilibrados: o bien giran lentamente o tienen algo de negatividad espiritual pegada a ellos. Cuando esto sucede, el resto de los chakras se pueden desequilibrar también, porque funcionan en conjunto, como una unidad.

- Se siente ansioso
- Tiene dificultad para relajarse
- Siente que no confía en nadie
- No se puede concentrar
- Discute con todo el mundo

TRANSFORME SU ENERGÍA CON UNA SANACIÓN DE CHAKRAS

Los chakras trabajan en conjunto, así que cuando uno deja de funcionar, el resto del sistema sufre. Aunque siempre resulta beneficioso cuidar de los chakras, es crucial cortar de raíz una desaceleración espiritual para evitar el efecto de montaña rusa.

Cada chakra vibra a un nivel distinto y se asocia con colores y métodos de sanación distintos.

CHAKRA RAÍZ Se asocia con la tierra, el arraigo. Caminar descalzo por el jardín o el parque, tumbarse en el suelo o pasar un tiempo en el exterior ayudará a devolver el equilibrio al chakra. Se asocia con el color rojo, así que vístase de rojo y coma frutas y verduras de este color para que vuelva a la normalidad. Asimismo, puede poner un cristal rojo —como un rubí— en la zona del chakra raíz durante una sesión de meditación.

CHAKRA SACRO Asociado con el agua y lo que fluye. Vaya a nadar, tome un baño o ponga los pies en remojo para empezar a sanar el chakra. Este punto responde al color naranja, así que las zanahorias, pimientos naranja, naranjas, mandarinas y mangos contribuirán a sanarlo, del mismo modo que las piedras o cristales de este tono, como la cornalina o el ámbar.

CHAKRA DEL PLEXO SOLAR Asociado con el fuego. Siéntese al sol o encienda una hoguera para restablecer el equilibrio del chakra. Alimentos como plátanos, cúrcuma, piña o maíz son buenos para sanarlo, así como los cristales como el citrino o el jaspe amarillo.

CHAKRA DEL CORAZÓN Asociado con el aire. Intente tomar el máximo de aire fresco posible y practique las respiraciones hondas durante el día: inhale lentamente a la cuenta de ocho. Retenga el aire tres segundos y suéltelo del todo, contando de nuevo hasta ocho. A este chakra le gusta el color verde, así que incorpore alimentos de este color como la lechuga, el aguacate y el brécol a su dieta, y use una piedra verde como el jade o la esmeralda durante la meditación.

CHAKRA DE LA GARGANTA Asociado con el espíritu y el éter. Pase un tiempo al aire libre tomando el sol y el aire fresco para devolver el equilibrio al chakra. Este responde a alimentos azules, como los arándanos, el maíz azul o el queso azul. Para la meditación, utilice piedras o cristales azules como el zafiro, el topacio azul o el lapislázuli.

CHAKRA DEL ENTRECEJO Asociado con la luz. Abra las persianas, encienda unas velas o salga a tomar el sol para reactivar este chakra. Se le asocia con el color índigo, así que tome alimentos como moras, uvas tintas o col violeta. Piedras como la iolita o la sodalita irán bien para la meditación.

CHAKRA DE LA CORONILLA Este centro abarca todos los demás, así que para abrirlo es esencial tratar todo su ser por completo. En otras palabras, debe cuidar de la mente y del cuerpo con toda la gama de alimentos, ejercicio y descanso. El color violeta le ayudará a sanar este chakra; use una lepidolita o una amatista para meditar. El chakra de la coronilla se asocia también con el color blanco, así que el cuarzo y el diamante también resultan beneficiosos.

Ritual para calmar los chakras

Este es un sencillo ritual para calmar los chakras y volver a alinearnos de forma armoniosa. Necesitará cristales o piedras de los colores asociados con cada uno de ellos:

MATERIALES

> Cristales rojos para el chakra raíz (rubí, jaspe rojo, granate)
>
> Cristales naranja para el chakra sacro (heliolita, cornalina, ámbar)
>
> Cristales amarillos para el chakra del plexo solar (citrino, jaspe amarillo, ojo de tigre)
>
> Cristales verdes para el chakra del corazón (jade, esmeralda, aventurina)

Cristales azules para el chakra de la garganta (zafiro, topacio azul, lapislázuli)

Cristales índigo para el chakra del entrecejo (iolita, sodalita)

Cristales violeta o blancos para el chakra de la coronilla (lepidolita, amatista o cuarzo, diamante)

RITUAL

Prepare un lugar cómodo donde tumbarse. Ponga los cristales sobre la zona donde se encuentra cada chakra en el cuerpo. Cierre los ojos y visualice cada vórtice energético girando, prestando atención al chakra que no esté alineado. Visualice que recibe energía sanadora del resto de elllos, hasta que vea que sale de su hibernación, girando al principio lentamente y después a la velocidad normal junto con el resto.

Ponga la mano en este chakra para sellar la energía sanadora. Recite una plegaria de protección y agradecimiento. Realice este ritual varios días, hasta que se haya restablecido por completo el equilibrio.

También podría consultar con un chamán si sus chakras precisan el cuidado de un experto. Los chamanes están entrenados para identificar y sanar los campos energéticos dañados; pueden limpiar un chakra que sufre con un cristal en particular. Encontrará chamanes cualificados a través de la tienda esotérica de su vecindad.

Reequilibrar los chakras con reiki

El reiki es un medio no agresivo de sanar el cuerpo físico y el espíritu, por lo que resulta ideal para los chakras. Fue un budista japonés quien desarrolló esta práctica en la década de 1920, que se puede emplear para sanarse a uno mismo o a otra persona.

La posición de las manos es la clave de la sanación en el reiki, y para la sanación de chakras existen varias posiciones, que damos a continuación junto con los chakras correspondientes. Ponga las manos directamente sobre el cuerpo o un poco por encima, sin llegar a tocarlo. Lo importante es tomar conciencia de la energía que está sanando. Visualice los chakras girando correctamente y devolviendo la buena salud a su parte espiritual.

MANOS EN LOS OJOS Chakra del entrecejo o tercer ojo

MANOS EN LA CABEZA/LA CORONILLA Chakra del entrecejo o de la coronilla

MANOS EN LA FRENTE Y PARTE TRASERA DE LA CABEZA Chakra del entrecejo o tercer ojo

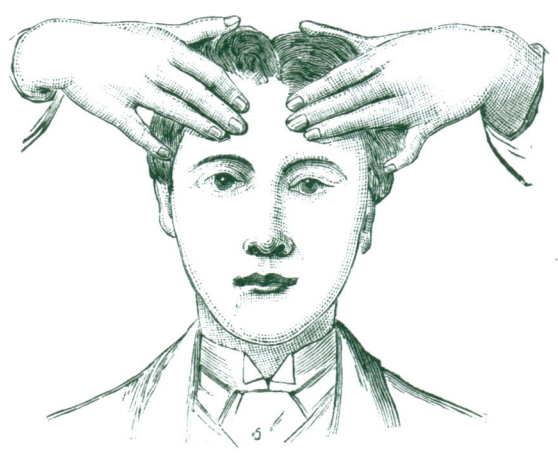

MANOS EN LA GARGANTA Y LA NUCA Chakra de la garganta

MANOS EN EL CORAZÓN Chakra del corazón

MANOS EN EL ESTERNÓN/PARTE SUPERIOR DEL ABDOMEN Chakra del plexo solar

MANOS EN LA PARTE INFERIOR DEL ABDOMEN Chakra sacro y chakra raíz o base

Memorice el siguiente mantra para recitarlo en voz alta o mentalmente mientras trabaja con los chakras:

Para cambiar cómo se siente este cuerpo, primero debo intentar sanar.
Con ayuda y bendiciones de lo divino, mis chakras se alinearán.

Si emplea el reiki para sanar la energía en general, primero podría realizar un «chequeo corporal» que le indicará qué partes precisan sanación. Si sigue las directrices anteriores se hará una idea de qué tipo de energía está estancada y en qué punto, y eso facilitará poder concentrarse en un punto concreto. Tanto si impone las manos directamente sobre la zona, o sin llegar a tocar el cuerpo, debería mantenerlas en el mismo lugar de cuatro a cinco minutos. Puede notar un calor, una vibración o un «cambio», que indica que la energía se está desbloqueando y volviendo al equilibrio.

Cuando pruebe a sanar los chakras, recuerde que el sistema tardó un tiempo en ralentizarse, y hará falta tiempo y esfuerzo para que todos los centros energéticos vuelvan a funcionar a sus niveles óptimos. Persevere y sepa que con cada día que pasa la sanación aumentará.

Piense en esto como una limpieza y purificación en profundidad del espíritu, algo así como un sofisticado tratamiento en un balneario, solo que en lugar de mimar la piel, ¡es su alma la que saldrá refrescada!

CAMBIE LA ENERGÍA DE SU CUERPO

La fuerza vital recibe nombres diferentes según las distintas culturas. En la medicina y filosofía chinas, se llama *qi* o *chi*. En la India es el *prana*. La *kundalini* es una aproximación de las enseñanzas hindúes. Otros términos son *ki* (japonés), *orenda* (iroqués), *mana* (polinesio) y *ase* (yoruba).

Estas enseñanzas difieren sutilmente entre sí, pero todas se pueden agrupar bajo la expresión de «energía sutil» invisible, que es la que mantiene la mente, el espíritu y el cuerpo fluyendo como una unidad cohesionada. Si el ser humano está compuesto de energía, y la energía ni se crea ni se destruye, entonces simplemente cambia de forma. Hay momentos en que nuestro nivel de energía es elevado y otros en que cae en picado. Debemos aprender a aprovechar nuestra energía positiva para sacarle el máximo provecho, al tiempo que abordamos las vibraciones oscuras y negativas que podrían rondar a nuestro alrededor o incluso en nuestro interior.

Las brujas ven la fuerza vital como una bola de energía pura. Su energía está a merced de sus estados de ánimo, así que es muy importante mantener a raya cualquier emoción que se desborde. Si una persona está siempre de mal humor o es un tipo gruñón y de trato difícil, su energía será básicamente negativa. En el caso de otras de carácter más dulce, a las personas les gustará estar en su compañía, porque tienen la capacidad de transformar su propia energía con su positividad. La energía es contagiosa. La manifestamos ahí fuera en todo momento.

Muchas brujas son sensibles a la fuerza vital de otras personas y a menudo se protegen de las personas de energía oscura llevando encima un cristal protector, como una obsidiana o una turmalina negra. Esto no significa que esas almas con energía oscura sean malas personas. Si una persona suele comportarse de una forma negativa, es para disimular el dolor o la inseguridad que hay en su interior. Nunca responda con represalias; intente mostrar compasión y empatía y mantenga la calma. Expresar negatividad no hará más que mezclar su energía negativa con la de esa persona, y el resultado será mucho peor. Todos poseemos la capacidad de transformar nuestra propia energía y de influir sobre los demás. Es muy difícil mostrarse odioso con alguien que es amable con usted. Intente ser paciente con los demás y entender por qué se comportan de esa forma en particular. Al mismo tiempo, es crucial trabajar con nosotros mismos para purificar nuestra energía.

La práctica de trabajar con el campo de energía corporal se llama «medicina energética». Utilizando técnicas específicas aprenderá a reconocer las energías, a trabajar con ellas y cambiar las que no le benefician. Asimismo, aprenderá a identificar y liberar la energía «atascada» que le arrastra hacia abajo. La medicina energética es un campo de estudio completo; los chamanes y otros practicantes pasan años aprendiendo sobre los sistemas invisibles del cuerpo, y tal vez le interese aprender más consultando a un profesional para una sesión más completa. En las páginas siguientes le damos una visión general de cómo circula la energía, lo que puede experimentar si este flujo se bloquea, cómo liberar la energía negativa y cómo lograr el equilibrio energético, todo ello trabajando con su aura.

Ver y calmar el aura

¿Ha entrado alguna vez en una reunión y al instante ha conectado con alguien que prácticamente no conoce? ¿O le han presentado a alguien que le da malas vibraciones incluso antes de que diga una sola palabra?

¡Pues esas vibraciones buenas y malas son reales! Los chakras son los centros energéticos del interior del cuerpo, pero además tenemos un aura, que es la energía que rodea nuestro ser físico. Cuando las energías del aura de dos personas están en sintonía, sienten una afinidad; cuando su aura choca con la de otra persona, podría tener una sensación desagradable que le deja desconfiando de la otra persona y con ganas de marcharse.

La palabra aura viene del griego y posteriormente del latín, y significa «aire». Todo el mundo tiene un aura, y su forma y color indican la salud en general y el estado de ánimo. En una persona sana, el aura es como un halo ovalado; cuando la persona está angustiada por motivos físicos o emocionales, puede perder su forma. El aura de cada persona, independientemente de su estado de salud, tiene varias capas:

LA CAPA ETÉREA Se extiende a unos 5 cm del cuerpo físico. Se asocia con la salud física.

LA CAPA EMOCIONAL Se extiende entre 5 y 10 cm del cuerpo. Está asociada con los sentimientos.

LA CAPA MENTAL Se extiende de 10 a 20 cm del cuerpo. Relacionada con los pensamientos y la inteligencia.

LA CAPA ASTRAL Se extiende de 20 a 30 cm del cuerpo. Representa la conexión entre cielo y tierra.

LA CAPA CELESTIAL Se extiende a unos 60 cm del cuerpo. Indica la capacidad de la persona para conectar con el mundo espiritual.

Cada capa se compone de colores y, como los chakras, la energía del aura puede disminuir o estancarse en una o varias de las capas. Las auras son más propensas que los chakras a cambios rápidos y frecuentes. Por ejemplo, un mal humor o una enfermedad menor puede cambiar los colores dominantes del aura, pero es probable que esta se recupere en uno o dos días.

La siguiente es una lista de los colores que se ven en el aura, con sus atributos positivos y negativos:

ROJO OSCURO Energía, dedicación, fuerza de voluntad

ROJO Sexualidad, espíritu competitivo, agresividad

ROJO TURBIO Enojo, resentimiento, guardar rencor, pensamientos obsesivos

ROSA Amor, energía psíquica, sensualidad

NARANJA Curiosidad, buena salud, espíritu dinámico

NARANJA/AMARILLO Lógica, orden, perfeccionismo

AMARILLO Energía positiva, espíritu luminoso, creatividad

AMARILLO LIMÓN Cinismo, egocentrismo, opinión crítica de los demás

VERDE CLARO Inocencia, sanación

VERDE Armonía, inteligencia, sugiere un sanador innato

VERDE OSCURO Celos, resentimiento, codicia, sospecha

TURQUESA Serenidad, paz, naturaleza sanadora

AZUL Leal, naturaleza sensible, integridad, espíritu comunicativo

ÍNDIGO Artístico, espíritu tranquilo, mente clara

VIOLETA Encanto, naturaleza seductora

GRIS Falta de confianza y/o campos energéticos bloqueados

MARRÓN Miedo de compartir la verdad o una confidencia con otros

NEGRO Profundo resentimiento y sentimientos negativos, naturaleza implacable

PLATEADO Riqueza y suerte, abundancia en todas sus formas

ORO Protección espiritual

El brillo de los colores indica el nivel de energía. Cuanto más brillante es el color, más intensa es la vibración. Un aura brillante puede indicar una energía que ha estado activa durante mucho tiempo, o una energía nueva especialmente intensa. La mayoría de nosotros mostramos solo unos pocos colores a la vez, pero las personas muy evolucionadas ¡llegan a tener un arcoíris vibrando en su aura!

La mayoría de los expertos en auras creen que todos nacemos con la capacidad de verlas, pero que perdemos ese don más o menos a la edad escolar. Leanne siempre ha sido capaz de verlas, y es algo que descubrió por primera cuando vio el aura del director de la escuela cuando estaba en el estrado durante una asamblea matutina. Probablemente era visible porque estaba de pie frente a una cortina de terciopelo rojo; cuando hay un bloque de color detrás de alguien, o si viste ropa de colores lisos, el aura destacará. Si ha perdido su capacidad, es fácil recuperarla practicando las técnicas siguientes:

- Pídale a un amigo que se ponga de pie frente a una pared blanca o de color muy claro, o una sábana colgada de una puerta.

- Ajuste la luz para que le resulte cómoda para los ojos y siga ajustándola si no ve el aura.

- Que su amigo permanezca quieto contra el fondo blanco.

- Relájese. Tome unas respiraciones profundas. Desenfoque un poco la mirada cuando observe la silueta de su amigo.

- Al cabo de un rato debería empezar a ver el aura. Puede que no todos los colores estén presentes, pero captará dos o tres tonos.

- Para ver la propia aura, siga los mismos pasos frente a un espejo de cuerpo entero. Otra forma consiste en poner la mano sobre una hoja de papel en blanco y seguir los pasos de relajar la mirada y ver los colores.

Las auras se pueden visualizar también con una cámara fotográfica especial. El fotógrafo psíquico o intuitivo pone unos sensores sobre la piel del sujeto y, a continuación, procesa las lecturas energéticas de estos sensores con una cámara especializada. Luego, el experto interpreta los colores y realiza una lectura intuitiva para el sujeto.

Aunque el aura puede cambiar de día a día, muchos expertos creen que el aura es como los anillos de un árbol, y que los periodos de trauma y crecimiento son también visibles. Muchos lectores de auras creen que la enfermedad psíquica y mental empieza con un aura débil, así que tome nota de lo que observe. La energía negativa o los colores apagados podrían indicar la necesidad de cuidarse y reflexionar sobre sus posibles causas.

Elimine la negatividad

¿Qué ocurre si no le gusta lo que ve en su campo energético? En primer lugar, no se asuste. Recuerde que su aura tiende a cambiar a menudo, mucho más que los chakras. Pero, si por ejemplo ve marrón, negro o gris en su aura, existe un sencillo ritual para limpiarla.

MATERIALES

Sales de Epsom (sulfato de magnesio) o bicarbonato sódico

6 gotas de aceite esencial de lavanda

Una vela blanca

RITUAL

Mientras la bañera se llena de agua para el baño, añada un puñado de sales de Epsom o de bicarbonato sódico, o de ambos. Una vez llena, vierta las seis gotas de aceite de lavanda. Antes de meterse en el agua encienda la vela blanca, que representa la pureza.

Cierre los ojos y tome unas respiraciones profundas mientras visualiza su aura. Imagínese rodeado por un arcoíris y sienta esa positividad.

Métase en la bañera y siga visualizando que su aura cambia de forma positiva. Permanezca en el agua unos 20 minutos. Deje que las sales de Epsom o el bicarbonato sódico absorban la energía negativa.

Al terminar el baño, enjuáguese con un poco de agua del grifo o con el cabezal de la ducha.

Limpieza del aura con cristales

También puede limpiar el aura usando la energía de los cristales. El cuarzo trasparente es una piedra de gran potencia que posee energías neutras, útiles para casi cualquier cosa, entre ellas una limpieza.

MATERIALES

2 cuarzos trasparentes

Sostenga un cristal en cada mano y visualice que su aura pasa de oscura a clara. Incorpore los colores que quiera ver a su visión.

Poco a poco mueva una mano arriba y abajo por el costado del cuerpo y después pásela arriba y abajo por la parte delantera. Haga lo mismo con la otra mano en el lado opuesto del cuerpo.

Espere 24 horas antes de observar de nuevo su aura. Repita el ritual según sea necesario.

Sahumerio para limpiar el espíritu

Otra forma de purificar la mente y el alma es un ritual de sahumerio con salvia. Encontrará atados ya preparados en tiendas esotéricas, o los puede comprar por Internet. Como este ritual implica quemar hierbas, es mejor hacerlo fuera de casa si es posible (si vive en una zona que no sea propensa a los incendios forestales). Si lo lleva a cabo en casa, elija un lugar sin alfombras y lejos de materiales inflamables. En ambos casos tenga un cubo de agua o una manguera a mano.

MATERIALES

1 encendedor para la chimenea o barbacoa

1 atado de salvia para sahumar

1 atado de hierba dulce

1 bol ignífugo

RITUAL

Prepárese mentalmente estableciendo una intención. Visualice el aura que desee. ¿Es de un amarillo brillante? ¿Naranja? ¿Rosa? ¿De los colores del arcoíris?

Tome unas respiraciones profundas mientras le pide al espíritu o al universo que le conduzca hasta el aura que busca. Sienta cómo cambia la energía al visualizar el cambio en su mente.

Prenda el atado de salvia con el encendedor y sople la llama para que solo produzca humo.

Agite el atado alrededor de la cabeza, envolviéndose en el humo. Siga así hasta que todo el cuerpo esté rodeado de humo. Deje el atado en el bol ignífugo y visualice cómo se aleja la energía negativa de usted. Imagínela disipándose en el humo. Apague el atado presionando el extremo ardiente contra el bol hasta que ya no salga humo.

Encienda la hierba dulce y repita el proceso: envuelva el cuerpo en humo, deje el atado en el bol y visualice cómo va entrando la energía positiva. Con cuidado, apague el atado como hemos indicado.

Puede practicar este sahumerio siempre que quiera o que lo necesite. Recuerde abrir y cerrar siempre su ritual con una plegaria de gratitud y una declaración de intenciones.

Capítulo 4

La hora bruja:
símbolos oníricos y hechizos para dormir bien

¿ALGUNA VEZ SE HA PREGUNTADO POR QUÉ PASAN COSAS en mitad de la noche? Es normal que las brujas se despierten a las tres en punto, y la hora entre las tres y las cuatro se suele denominar «la hora bruja». Pueden pasar cosas raras en cualquier momento desde la medianoche hasta las tres, aunque algunas personas consideran que de tres a cuatro es el momento más mágico. Una persona normal podría despertarse a causa de un sueño raro o vívido durante la noche, y pensar que es una tontería o no prestarle atención; pero para las brujas la cosa es más complicada. Muchas de ellas son especialmente sensibles y psíquicas y, para ellas, un sueño extraño las puede dejar confundidas o con una sensación rara al despertar. Algunas buscan en un libro de interpretación de sueños para comprender el mensaje oculto que el sueño está intentando transmitirles. Como las brujas suelen meditar y conectan con sus guías y con los planes astrales de noche, a menudo tienen sueños más profundos que otras personas. Esto se debe a que la meditación regular y la comunicación espiritual eleva la conciencia del individuo, dejándolo abierto a los incidentes misteriosos e inexplicables que suelen ocurrir de noche.

TEJEDORES DE SUEÑOS

En el mundo wiccano se suele creer que los espíritus que nos ayudan nos visitan mientras dormimos. También poseen la habilidad de modificar nuestra forma de pensar durante el sueño, de modo que cuando desperta-

mos podemos haber cambiado de opinión sobre algo o sentirnos inspirados para probar alguna cosa nueva. A los guías y los ayudantes espirituales les es más fácil hablarnos cuando dormimos porque nuestra vibración es más elevada, y las cosas mundanas del día a día no nos distraen ni nos preocupan. A menudo, nos envían mensajes a través de un sueño; alguna veces los mensajes son directos, pero otras son más complejos y precisan algún tipo de interpretación. Puede que sus guías empleen también este tiempo para una sanación física. Esto a veces se siente como una vibración del colchón, o unos escalofríos agradables en el cuerpo. Si se siente mal, pídale a su guía que le cure mientras duerme: se sorprenderá de lo bien que se encuentra al despertar.

Pero ¿qué ocurre con esos sueños que no logra descifrar? A continuación, y hasta la página 74, encontrará algunas interpretaciones interesantes de los sueños más comunes que solemos tener y la explicación de cómo estos pueden ser mensajes del mundo espiritual, que nos ofrecen conocimiento sobre cómo abordar ciertos problemas, alertándonos sobre los cambios que debemos hacer o enviándonos el amor y el apoyo necesarios.

Abandono

Este es un sueño común en el que una persona se podría sentir aislada y andar buscando a un compañero o miembro de la familia. Podría errar de un lugar a otro en el interior de una casa o por las calles de una gran ciudad, buscando a alguien. Este sueño significa que tiene miedo al rechazo y siente temor a ser abandonado. Quizás su relación está en crisis, o le preocupa perder su empleo. Su guía le está intentando ayudar a descifrar sus emociones para poder enviarle sanación y consuelo.

Acecho de fantasmas o entidades del bajo astral

Es común que las brujas intuitivas vean en sueños a fantasmas o los feos rostros de demonios de todo tipo. Estas entidades puede parecer estar justo delante de su cara y les gusta dar miedo porque se alimentan de ello. Se inmiscuyen en sus sueños desde el plano astral más bajo y sienten curiosidad por su energía mágica. Por desgracia, los niños con dotes psíquicas tienen el mismo problema, así que es muy importante enseñarle al pequeño a no tener miedo.

Para los jovencitos que tienen pesadillas (y para usted también), una lámpara de cristales de sal del Himalaya puede resultar de gran ayuda en el dormitorio de noche, porque emite una energía calmante y tranquilizadora. Es mejor comprar el modelo que permite graduar la intensidad de la luz. La ropa de cama que huela a lavanda también ayuda, lo mismo que invocar al arcángel Miguel para que nos proteja cada noche.

Águila

Todas las aves son «mensajeras» y se les considera un buen augurio. Ver una en sueños puede representar que vendrá una época más libre, sin restricciones. Asimismo, el yo superior se despertará y aprenderá cosas nuevas y positivas para elevar el alma. Quizás se tratará de algún tipo de magia superior que le ayudará a remontarse. Si el águila está encadenada, es necesario librarse de personas o limitaciones que le están impidiendo avanzar.

Alma gemela

Soñar con un alma gemela sugiere que esta se está acercando a usted en el plano espiritual. Sabrá si está en su presencia porque sentirá un amor desbordante y no querrá que el sueño termine. Esta situación es muy poco habitual, porque por lo general no se nos permite encarnarnos con nuestra alma gemela. Nos involucramos demasiado con ella y evitamos a otras personas con las que podríamos tener que pasar más tiempo en nuestro camino espiritual. Soñar con su alma gemela puede desencadenar un anhelo que tarde semanas en disiparse, y podría mirar a su actual pareja con otros ojos.

Amor

Soñar que está enamorado de alguien con quien no mantiene una relación romántica en la realidad, o por la que no siente nada romántico, indica que tiene algún tipo de historia kármica con esa persona. Ha estado conectado con ella en otra vida. El mensaje de este sueño es que cada persona con la que pasa un tiempo en su vida, no importa lo largo que este sea, forma parte de un modo u otro de su desarrollo espiritual.

Arcoíris

Soñar con un arcoíris es un signo afortunado: su situación económica debería empezar a mejorar. Pronto podrá invitar a su familia y amigos y compartirá con ellos su buena suerte, quitándose un gran peso de encima.

Bebé

Si aparece un bebé en un sueño es una buena señal, una promesa de nuevos inicios para la persona, sobre todo si el bebé se ríe o sonríe. Asimismo, puede predecir el nacimiento de un niño en la familia y la bendición y la alegría que supone una nueva vida. Si una bruja sueña con un pequeño que ha fallecido, podría ser que este la esté saludando. Esto le indica a la madre que verá de nuevo a su hijo en el reino de los espíritus cuando le llegue su hora de morir. Otra teoría es que los bebés representan los nuevos inicios, así que podría estar entrando en una nueva fase de la vida donde los obstáculos que antes han sido un impedimento dejan de existir. El mensaje que trae este sueño es el de atreverse a hacer algo y dar un paso adelante.

Caduceo

En la mitología griega, el caduceo —una vara con dos serpientes enroscadas y dos alas en la parte superior— era el símbolo de Hermes, el dios mensajero. Simboliza el comercio, aunque a veces se confunde con el símbolo de la medicina: la vara de Esculapio, el dios griego de dicha disciplina, que lleva una serpiente sin alas. Ver este símbolo en sueños puede ser un aviso de que se avecina mala salud y que debe cuidar mejor de su cuerpo. El mensaje dice que debería tomar más agua y menos alcohol, llevar una dieta más equilibrada, dormir más o practicar ejercicio con mayor frecuencia. Si aparece otra persona en el sueño, el problema de salud podría referirse a ella. El caduceo puede representar también una guía de sanación para quien lo sueñe.

Caer

Este es uno de los sueños más comunes, y la mayoría de las personas lo tienen en algún momento de su vida. Si tiene miedo o se siente inquieto, o si cree que su vida está descontrolada, eso podría dar pie a la sensación de caer. Otra explicación es que cuando el espíritu abandona el cuerpo para iniciar una proyección astral, en lugar de que el alma salga por la parte delantera del cuerpo y flote, se cae por la espalda y después se eleva desde el costado. Muchas veces esto nos pasa justo cuando conciliamos el sueño, y nos despertamos con un sobresalto.

Caer y volar por los aires

Soñar que cae en picado y que de repente remonta el vuelo con alegría y libertad es algo que se asocia también con la proyección astral. Una vez lo domine, habrá dejado con éxito su cuerpo y podrá dirigirse a cualquier lugar que desee. (*Véanse* págs. 75-77 para más información sobre proyección y viaje astral, y sueños de vuelo.)

Canciones y música

A medida que se vuelva más intuitivo en su entrenamiento como bruja, sus guías, dioses y diosas conectarán con usted en sueños mediante cantos y música. Si en su sueño oye una canción que conoce, anote la letra en cuanto despierte; cuando más tarde la relea, podría contener un mensaje o tener algún otro significado, ya que puede extraer mucha información de la misma. Es mejor registrar las palabras en su libro de sombras como referencia futura. Recibir un mensaje de esta forma es algo muy especial.

Dientes

Si en su sueño aparecen dientes, la interpretación del mismo ofrece varios significados. En el saber popular inglés indica que alguien va a morir relativamente pronto o que la noticia de un fallecimiento es inminente. En otras culturas indica que la persona se siente insegura.

Si sueña que se le pudren los dientes, debe prestar muchas atención a los malos hábitos que está desarrollando, ya que que podrían ser nocivos para su salud. Escupir un diente en un sueño podría ser una advertencia para no contar chismes, ya que se volverán contra usted generando discusiones y disgustos.

El animal de poder

Si sueña con un animal grande y maravilloso, su espíritu animal podría estar visitándolo. Desde el momento en que nacen, las brujas tienen un espíritu animal llamado *familiar*, que permanece con ellas toda la vida para protegerlas. Podrá comunicarse con usted a muchos niveles y guiarle en la dirección adecuada cuando lo necesite. Una de sus tareas es protegerle durante el sueño de las criaturas del bajo astral y de las entidades espirituales desagradables que podrían incluso penetrar en su cuerpo cuando está proyectándose astralmente (*véase* pág. 75). Intente recordar todos los detalles del sueño de un animal de poder, porque siempre contiene algún mensaje.

Estar desnudo

¿Tiene algún secreto? ¿Hay algo de lo que simplemente no puede hablar? A menudo, soñar que va desnudo significa que se siente expuesto o preocupado por estar desprotegido. Quizás las verdades ocultas finalmente saldrán a la luz y los problemas se compartirán. También podría preocuparle hacer el ridículo en compañía o estar nervioso por una presentación ante un público numeroso. El sueño le está diciendo que confíe en sus capacidades y que no se preocupe por lo que otros puedan decir de usted.

La escalera de Jacob

Soñar con una larga escalera de mano es un buen augurio, especialmente si trepa por ella. Un paso a la vez indica avance, pero a un ritmo constante. Subir dos o tres escalones a la vez representa un avance rápido en su carrera o en su desarrollo espiritual. Si resbala y se cae varios escalones, podría caer en desgracia o indicar que puede pasar algo que le avergüence.

Lamentos

Escuchar un triste lamento podría indicar que alguien de su vida, un amigo o familiar, pasará unos momentos angustiosos y le pedirá ayuda. Si ve la cara de la persona lamentándose, este será el caso. Pueden ser también noticias de una muerte si el lamento va seguido de llanto.

Mansión

Soñar con una mansión o una casa grande es un sueño positivo que podría anunciar una mudanza. Cuantas más habitaciones tenga el edificio, más experiencias le esperan. Se avecinan cambios y al final seguirá adelante de una forma positiva. Una casa a menudo representa el alma, de manera que si se siente limitado en el sueño, es posible que necesite desplegar sus alas y hacer nuevas amistades que le inspirarán y le elevarán.

Mar

Si sueña que camina por una playa dorada, con un mar azul en calma acariciándole la planta de los pies, ¡eso es fantástico! Es un augurio excelente y significa que se siente un todo con el universo. Si decide ir nadando mar adentro en el sueño, en la vida real tiene que ser un poco más osado y probar cosas nuevas. Si las olas son altas, oscuras y amenazadoras, debe tener cuidado de no alejarse demasiado de las personas que ama. Si siente que se va a ahogar, en realidad significa que están pasando demasiadas cosas y que la situación lo supera.

Mascotas fallecidas

Las mascotas y los espíritus animales familiares aparecerán a menudo en sueños para ponerse en contacto con usted. No es raro que durante una proyección astral su viejo amigo le acompañe en su aventura. Suelen aparecer en sueños para darle consuelo, sobre todo si les sigue echando de menos tras su muerte. Es también frecuente que parezcan un poco diferentes a como los recuerda. Pueden tener un mayor tamaño, un color más intenso y brillante, o incluso guirnaldas y flores en el pelaje.

Muerte

Soñar con la propia muerte da miedo y crea preocupación, pero, igual que la carta de la Muerte del tarot, indica el final de una etapa y el inicio de otra, anunciando positividad y transformación. Si sueña con un familiar o amigo fallecido, este podría estar estableciendo contacto para enviarle amor y optimismo. Como nuestra vibración se eleva cuando dormimos, a nuestros seres queridos fallecidos les es más fácil comunicarse durante el sueño. Cuando despierte, intente recordar el sueño y anotarlo en su libro de sombras. A menudo, el ser querido nos traerá un mensaje.

Pérdida de cabello

Soñar que se le cae el cabello significa que algo le preocupa. Puede que le angustie lo que está pasando en el mundo, o que tema por algún ser querido. Podría tener un problema en su vida sobre el que cree no tener ningún control. Si es así, antes de dormirse pídale a su guía que le otorgue la fuerza necesaria para cambiar las cosas.

Rayos X

Si sueña que le practican una radiografía, podría ser una advertencia seria para que cuide de su salud. Quizás podría dedicar el día siguiente a desintoxicarse o proponerse beber más agua o seguir una dieta más sana. Sería aconsejable establecer un plan de alimentación para su familia y sus animales domésticos.

Regalo

Recibir un regalo en sueños es un augurio muy positivo: le confirma que tiene buen karma y que está haciendo progresos. El universo está contento por el modo en que vive su vida y le felicita. También puede indicar una nueva época de felicidad, donde aparezca un dinero inesperado; una herencia o ganancia podría estar a la vuelta de la esquina para aliviar la inestabilidad económica.

Si es usted quien regala algo a alguien, debe iluminar a la otra persona mediante algún conocimiento o quizás ayudarle si se ha mudado de casa. Ofrézcale un regalo que sea de utilidad o entréguele algo que usted ya no necesita.

Reina

Si aparece una reina en sus sueños indica un mensaje importante, sobre todo si mantiene una conversación con ella. Muestra que posee la capacidad de relacionarse con cualquiera y de estar orgulloso de su progreso en la vida. Su alma se está perfeccionando y existe una gran sabiduría, así que siéntase libre de expresar su verdad; otros le escucharán y evolucionarán gracias a su conocimiento.

Santos

Ver a un santo o a una persona santa en sueños indica que alguien de otro mundo le visita. Si está deprimido, se siente perdido o está de duelo, el ser divino acude a asegurarle de que al final todo saldrá bien, y que nunca debe perder la esperanza.

Visitante

Si alguien le visita en sueños, primero tiene que decidir si su vibración es buena o mala. ¿Parece una persona amistosa o le llega una vibración siniestra? Las brujas poseen un aura mágica que atrae a los espíritus que vagan errantes por los planos etéreos, como una polilla a la luz (*véase* pág. 75).

Visitante positivo

Las visitas positivas son de espíritus que simplemente pasan a saludarle o a decirle que están bien y que son felices en una dimensión diferente. Podría ser un familiar o alguien que conoció anteriormente. O podría tratarse de uno de sus guías que aparece para tranquilizarle y decirle que no se preocupe. (*Nota:* los guías suelen aparecer en sueños con ropa corriente; sabrá que es uno de sus guías porque al momento le gustará y se encontrará a gusto con él.)

Visitante negativo

Escuche siempre a su subconsciente. Si tiene aunque solo sea una duda de que no puede confiar en la persona que le visita en sueños, es que está conectando psíquicamente con su energía sobrenatural y le están dando una señal. Sea siempre bien educado y apártese del camino del visitante negativo. Si no puede controlar el sueño y la persona decide quedarse con usted, a la noche siguiente, antes de acostarse, dígale a la entidad que no es bienvenida y que no regrese. También puede realizar el hechizo de protección para antes de acostarse que se explica en la página 77.

En este apartado solo hemos dado unas pocas interpretaciones de sueños, pero existen centenares de libros y fuentes de información disponibles si quiere explorar el tema más a fondo. A nosotras nos gusta pensar que la hora bruja es el momento más mágico del día; un tiempo en que salimos de nuestro ser físico y somos libres de explorar nuestro lado inconsciente y espiritual. Preste atención durante las horas del crepúsculo y si se despierta por la noche, ya que ese estado entre el sueño y la vigilia es el momento perfecto para conectar con su guía. Salúdele y pídale protección.

PROYECCIÓN ASTRAL

El alma es capaz de abandonar el cuerpo cuando dormimos y volar hacia todo tipo de lugares. Si alguna vez ha soñado que vuela, es una señal segura de que es más que probable que se trate de un viaje astral. Este tipo de sueños resultan emocionantes y fantásticos; imagínese con los brazos abiertos, sobrevolando el mar o las montañas y entrando y saliendo de edificios. A pesar de lo bellas que son las experiencias extracorporales, debe protegerse antes de aventurarse en un lugar muy lejano. Sin protección, es posible que cuando su alma abandone el cuerpo se tope con un alma perturbadora o poco evolucionada capaz de hacer algo llamado «walk-in». Esto es cuando el espíritu de otra entidad invade su cuerpo físico mientras usted se encuentra de viaje espiritual. No se alarme, porque es algo muy poco frecuente. Pero, por desgracia, sí existen espíritus malévolos que se sienten atraídos por personas con dotes psíquicas, casi como si emitiéramos una luz que los atrae como polillas.

Durante años, Leanna ha sufrido de parálisis del sueño, una experiencia desagradable y aterradora en la que el cuerpo entero se paraliza y siente

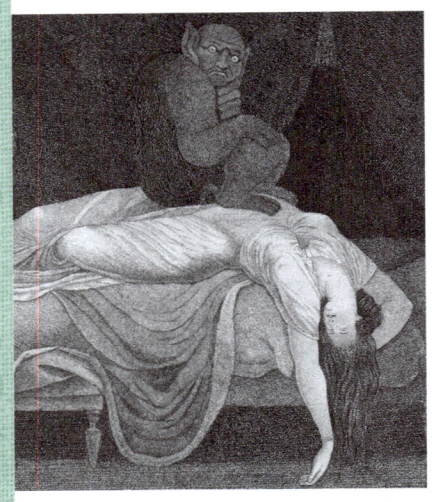

como si tuviera a alguien sentado sobre su pecho. A veces, durante este estado incluso llega a ver criaturas monstruosas, y precisa una gran determinación para despertarse. Los médicos describen la parálisis del sueño y las desagradables alucinaciones que la acompañan con el despertar estando todavía en atonía REM (la parálisis muscular natural que siempre ocurre durante este estadio REM o movimiento ocular rápido). Pero nosotras pensamos que no hay que descartar el aspecto de experiencia psíquica del fenómeno. Curiosamente, cuando Leanna invoca al arcángel Miguel para que la proteja durante estas horribles experiencias, o cuando le dice de forma tajante al espíritu aterrador que se vaya (normalmente con un par de palabrotas), este se retira de inmediato. Siempre que se encuentre con alguna de estas criaturas, no muestre temor. Les encanta saber que han conseguido asustarle. Recuerde: no pueden hacerle ningún daño; solo quieren asustarle. Si les dice con firmeza que se vayan, ¡desaparecerán al instante!

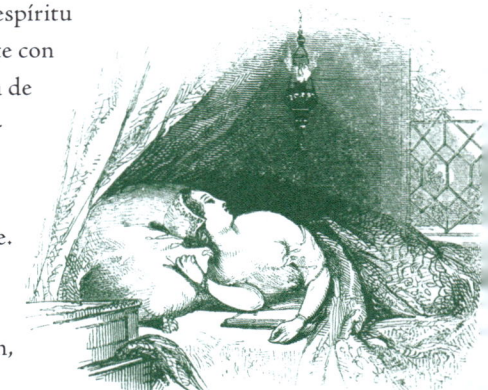

Protección para antes de dormirse

Para protegerse, todas las noches antes de dormirse o después de una meditación, realice un breve ritual de protección. De esta manera, si emprende un viaje por el plano astral, habrá algún centinela espiritual custodiando su cuerpo dormido.

RITUAL

Túmbese de espaldas con las manos descansando ligeramente sobre el estómago. Sabrá que está bien relajado cuando la boca quede entreabierta. Concéntrese un minuto en la respiración y repita una y otra vez mentalmente este mantra hasta quedarse dormido:

«Mi guía, mi custodio, permanece a mi lado,
deja que mis sueños sean perfectos y sin obstáculos.
Protege mi cuerpo, protege mi alma,
permite que todo el control esté en mis manos».

Por lo general, dormirá plácidamente tras repetir el mantra tres o cuatro veces. El mantra es también muy útil si se despierta en plena noche y no logra volver a conciliar el sueño.

Hechizo para dormir bien

Hay momentos en la vida en que quiere moderar un poco la energía, en especial si necesita dormir bien. Tanto si sufre de insomnio crónico como si tiende a dormir mal cuando se estresa, ¡ya sabe lo frustrante que resulta tener el cuerpo agotado y una mente que no para! Este ritual le ayudará:

MATERIALES

14-18 gotas de aceite esencial de lavanda*

2 cucharadas de vodka o de hamamelis

100 ml de agua

1 aerosol pequeño

1 vela con aroma de vainilla

sales de Epsom

RITUAL

Durante el día, mezcle 8-10 gotas de aceite de lavanda con el vodka o hamamelis y agua en un aerosol pequeño.

Para prepararse para una noche de descanso, rocíe la ropa de cama con el aerosol de lavanda.

Encienda una vela con aroma de vainilla y póngala en el cuarto de baño. Llene la bañera y añada un puñado de sales de Epsom y 6-8 gotas de aceite esencial de lavanda. Mientras esparce las sales y el aceite en la bañera, respire hondo y diga:

«Sueño reparador, ven hacia mí,
deja que mi mente duerma en paz».

Repítalo mientras permanece en la bañera de 15 a 20 minutos y practique respiraciones profundas.

Durante este rato, puede que le vengan a la cabeza pensamientos o creencias de que no conseguirá dormir. Déjelos que se queden un momento y después visualícese metiéndolos en un recipiente bonito y tapando este de forma hermética. El recipiente contendrá ideas y pensamientos que podrá abordar mañana. Imagínese entregando el recipiente a un poder superior o guardándolo mentalmente en un armario hasta la mañana siguiente.

Cuando termine, enjuáguese con agua limpia para eliminar cualquier energía negativa o hiperactiva que pueda mantenerle despierto. Sople para apagar la vela.

Una vez en la cama, siga con las respiraciones profundas y con su mantra. Imagínese todas las cosas por las que está agradecido. Que las preocupaciones para mañana acudan durante el día, cuando es más probable que no le parezcan tan abrumadoras.

*__NOTA__: puede sustituir el aceite de lavanda por otros, por ejemplo: cedro, manzanilla, incienso, valeriana, vetiver e ylang-ylang. Anote el que use en su libro de sombras para poder repetir la receta ganadora.

Ritual de agradecimiento y de buenas noches

Otro ritual que le ayudará a aquietar los pensamientos hasta quedar dormido tiene que ver con el agradecimiento. Es una forma bonita de centrar la mente en lo positivo y en las cosas que van bien en su vida, a diferencia de dejarse invadir por las preocupaciones desde el momento en que su cabeza toca la almohada. Puede realizar el ritual a secas o con un baño, aerosoles para la almohada u otros rituales.

MATERIALES

1 bolígrafo

3 trocitos de papel

1 tarro o 1 caja

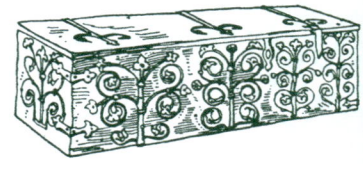

RITUAL

Tras prepararse para ir a la cama, escriba las tres mejores cosas que le hayan ocurrido ese día o algo positivo que le haya pasado a alguien que quiera (por ejemplo, puede haber hecho una presentación en el trabajo o que su hijo haya tenido un día excepcionalmente bueno en la escuela). Siguiendo con el ejemplo del niño, quizás haya tenido algún problema con un compañero o profesor, y esto le ha estado preocupando. Anote sus sentimientos sobre el tema y tómese un tiempo para expresar agradecimiento al universo, a dios, a sus ángeles, al espíritu o a quien desee darle las gracias.

Escriba sus palabras de gratitud en los trocitos de papel. De uno en uno, sosténgalo entre las palmas de las manos juntas y diga:

«Por lo que me has dado en este día.
Te estoy muy agradecido».

Meta cada trozo de papel en el recipiente después de dar las gracias.

Ponga las manos sobre el recipiente que ha llenado con sus palabras de gratitud. Tómese un momento para pensar en todo lo que se le ha dado.

Tome diez respiraciones profundas y diga «gracias» en voz alta con cada exhalación.

En la cama y con los ojos cerrados, imagínese que su corazón se abre a las maravillosas posibilidades que llegarán al día siguiente. Si usted se preocupa por todo, podrían entrometerse algunos pensamientos de ansiedad en su imaginación. No pasa nada. Reconózcalos y déjelos que se vayan. Ayude a que se marchen concentrándose en las cosas sobre las que ha escrito o pensando en otras cosas agradables. También puede mantener una conversación mental con un poder superior; asegúrese de que el tema sea el agradecimiento, en lugar de pedir algo.

RITUALES LUNARES

Desde los tiempos antiguos, la Luna se ha considerado una poderosa fuente de energía. Las diferentes civilizaciones le han dado distintos nombres y han desarrollado rituales para atraer su poder, dependiendo de los deseos y necesidades. Hablemos un poco sobre las fases lunares principales y cuáles hay que usar en los distintos rituales para dormir.

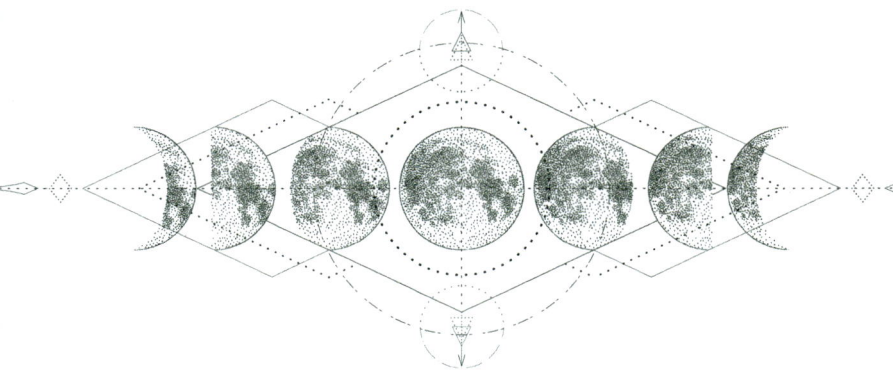

LUNA NUEVA A veces se la denomina «luna negra», porque no es visible en el cielo; por ello, el firmamento nocturno es oscuro, y si se encuentra fuera no puede ni verse las manos frente a la cara. Es el mejor momento para hacer un hechizo o ritual lunar destinado a conciliar el sueño, porque la energía es tranquila y apropiada para el descanso y la reflexión.

LUNA CRECIENTE El tamaño de la luna parece aumentar en los días que preceden a la luna llena. Esta fase es momento de pensar en las cosas que crecen. ¿Cuáles le gustaría mejorar o que llegaran a dar fruto? Si la respuesta es lograr el descanso y la relajación, este es buen momento para establecer una intención a este efecto.

LUNA LLENA La energía de la luna llena es intensa, sube la emoción y el cielo nocturno está iluminado. Es natural que algunas personas digan que les cuesta dormir en esta fase, por lo que recomendamos pasar más tiempo meditando para remediar esta situación.

LUNA MENGUANTE A medida que mengua, la luna parece disminuir de tamaño. En esta fase debería concentrarse en aquello que quiere eliminar o reducir. Si desea reducir el estrés que sufre, para así poder dormir mejor, este es buen momento para centrarse en hacer bajar las tensiones y los niveles de ansiedad.

El mes de noviembre es un buen momento para que la Luna nos traiga serenidad. La así llamada «luna de nieve» propicia la tranquilidad y la contemplación.

Si le resulta posible, salga al exterior y báñese en la luz (o la oscuridad) de la energía lunar antes de acostarse. Esto es relativamente fácil si vive en un clima templado, pero más difícil si está helando. (¡A la mayoría de las personas no les resulta cómodo ni relajante permanecer fuera de casa de noche en pleno invierno!) Si este fuera el caso, realice su ritual cerca de una ventana: aprovechará la luz de la luna al tiempo que estará calentito y cómodo, y eso le ayudará a conciliar el sueño.

En cuanto al ritual, pruebe con alguno de los siguientes hechizos.

Hechizo lunar con cristales para dormir bien

Existen varios cristales cuya energía reduce el caos y la confusión y atrae la serenidad. Este ritual combina esta tranquila energía de los cristales con la magia lunar, para que pueda dormir de forma profunda y tranquila. Para un mejor resultado, ponga el cristal o cristales directamente bajo la luz de la luna varias noches seguidas antes del ritual. Esto los cargará y permitirá que absorban la energía lunar. Puede usar un solo cristal o una combinación de varios.

MATERIALES

1 o más de los siguientes cristales:

> Amatista
>
> Angelita
>
> Turmalina negra
>
> Ágata de encaje azul
>
> Celestita
>
> Fluorita
>
> Lepidolita

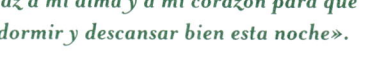

RITUAL

Establezca su intención. Siéntese bajo el fulgor de la luna, llévese las manos al pecho y sienta el latir de su corazón. Respire hondo unas cuantas veces y sienta cómo se va haciendo más lento. Inhale por la nariz, exhale por la boca. Repita en voz alta:

> *«Dale paz a mi alma y a mi corazón para que*
> *pueda dormir y descansar bien esta noche».*

Si usa un único cristal, compruebe primero sus chakras (*véase* capítulo 3). ¿Dónde nota tensión? ¿Qué es lo que no le deja dormir bien? Si, por ejemplo, cree que no le escuchan o no lo entienden, ponga el cristal sobre el chakra de la garganta.

Si usa varios cristales, forme un tipo de campo energético trazando un círculo lo suficientemente grande como para poder sentarse o tumbarse en su interior. Ponga los cristales en la circunferencia. No hace falta cubrir toda la circunferencia con cristales, solo señalar la forma general del campo energético (que puede hacer con solo cuatro o cinco cristales).

Mientras permanece sentado, ya sea en su círculo energético o con un cristal equilibrando un chakra, respire hondo y atraiga la calma hacia su ser. Sepa que los pensamientos que le preocupan pueden permanecer en un rincón de la mente, y esto es normal. Déjelos allí, en la periferia, hasta que llegue la mañana. Incluso puede decir en voz alta: «Ahora no es momento para estos pensamientos. Ya los atenderé mañana». Con esta práctica no trata de eliminar del todo la ansiedad de su mente (que a veces resulta imposible); simplemente está diciendo que todo pensamiento tiene un lugar y un tiempo adecuados, ¡y que las horas de la noche están reservadas en exclusiva para los pensamientos positivos!

Posturas de yoga a la luz de la luna

Pruebe algunas posturas de yoga reparadoras a la luz de la luna, que amplificará el aspecto relajante de las mismas. Haga estos ejercicios en cualquier fase lunar. (*Nota:* son posturas básicas, pero siempre es mejor consultar primero con un profesional médico.)

Postura fácil

- **Siéntese en el suelo** o sobre una esterilla y estire las piernas al frente.

- **Doble la pierna izquierda,** escondiendo el pie izquierdo bajo la pierna derecha.

- **Doble la pierna derecha** y esconda el pie derecho bajo la pierna izquierda.

- **Siéntese con la columna erguida,** sintiendo que el coxis se repliega.

- **Ponga una mano** en cada rodilla.

- **Respire hondo** y concéntrese en su intención.

Postura del niño

- **Arrodíllese en el suelo** con los dedos gordos de los pies tocándose. Siéntese sobre los talones y separe las piernas a la altura de las caderas.

- **Exhale e inclínese hacia adelante,** llevando el torso hacia abajo entre las rodillas.

- **Lleve las manos** hacia los pies, con las palmas hacia arriba, y deje caer los hombros hacia el suelo.

- **Respire hondo,** inhalando por la nariz y exhalando por la boca.

Postura del bebé feliz

- **Túmbese de espaldas** en el suelo o sobre una esterilla. Doble las rodillas y llévelas hacia el estómago.

- **Agarre la parte exterior de los pies.** Abra la postura para que las rodillas estén separadas un poco más que la anchura del torso, y lleve los pies hacia las axilas.

- **Relájese. Respire.** Concéntrese en atraer la serenidad hacia su mente y su corazón.

Postura del cadáver

- **Siéntese en el suelo o sobre una esterilla.** El objetivo es dejar el cuerpo entero en un estado neutro. Aunque parezca que simplemente está tumbado en el suelo, ¡la postura requiere cierto esfuerzo!

- **Doble las piernas** e inclínese hacia atrás sobre los codos y antebrazos. Inspire y, conscientemente, estire la pierna derecha todo lo que pueda.

Repita con la pierna izquierda. Alce ambos tobillos y descanse la pelvis en posición neutral. Deje que los pies se abran.

- **Baje el cuerpo** hasta estar tumbado plano en el suelo. Lleve ambas manos a la base del cráneo y deslice suavemente los dedos hacia arriba, aflojando con cuidado en la zona del cuello y la espalda. (Tenga mucho cuidado de no estirar ni empujar; el cuello es una zona muy sensible del cuerpo.) Sienta como se relaja el cuello. Agite la cabeza de lado a lado una o dos veces, para relajar todavía más los músculos.

- **Lleve ambos brazos hacia arriba.** Mientras los lleva hacia abajo, sienta como las clavículas descansan sobre la esterilla o el suelo. Respire llevando el aire hacia el espacio que hay entre los omoplatos, para expandir esta zona.

- **Siga respirando profundamente,** invitando a que la suave energía lunar le envuelva.

El propósito de cada una de estas posturas es que el cuerpo y la mente inicien un camino de relajación que dure toda la noche. Como con cualquier otro tipo de práctica, hay que ir probando y rectificando hasta encontrar lo que mejor funcione para usted. Disfrute de estas posturas y diseñe sus propias modificaciones o combinaciones de prácticas.

¡Felices sueños!

Capítulo 5

¡Escuche!
Terapia de sonido para curar el alma

EL SONIDO ES ALGO QUE DAMOS POR SENTADO, SON LOS ruidos que nos rodean a diario. El sonido nos puede calmar o irritar y tiene un efecto sobre nuestra salud física y emocional. Asimismo, nos puede transportar a otro tiempo y lugar al instante, razón por la cual a muchas brujas les gusta poner música meditativa cuando realizan un hechizo. Los cantos y los tambores se usan de forma habitual en ceremonias espirituales. Algunos grupos realizan «baños de gong» en el bosque, con el objetivo de limpiar las energías. Una canción, una voz, los sonidos de la naturaleza… todo puede conectarnos con emociones de bienestar, inspiración, paz o incluso melancolía.

Todo sonido tiene su propia vibración, pero algunas de ellas son tan bajas que no podemos oírlas, aunque el cuerpo sí las detecta y lo manifiesta como ansiedad o irritación. Algunos gobiernos han explorado las ondas sónicas de frecuencia extremadamente baja —que causan un trastorno en las funciones neurológicas humanas—, y se conocen como armas de microondas. Actualmente, ciertos países utilizan una alarma llamada Mosquito para disolver multitudes de jóvenes revoltosos. Emite un sonido a una frecuencia tan alta que solo los menores de veinticinco años la pueden oír (y, como su nombre indica, su sonido es muy irritante).

Por suerte, el sonido se puede usar también para sanar y empoderar. Piense en algunos de sus sonidos favoritos:

- Las olas del mar

- El ronroneo de un gato

- Los pájaros en la primavera

- Los grillos en el crepúsculo

- Su música favorita

Cada uno de ellos tiene un efecto diferente sobre su estado de ánimo, pero todos son positivos. Cuando un sonido es particularmente agradable o nos resulta tranquilizante, nos identicamos con su fluir o ritmo. Nos calmamos, nuestro propio ritmo —el latido del corazón— se desacelera y nuestro estado de ánimo cambia. Piense en un bebé que se tranquiliza al escuchar una nana o el sonido de la voz de su madre. Ese instinto no cambia cuando nos hacemos mayores, simplemente son otros los sonidos que nos reconfortan.

El mundo que nos rodea se ve influido por la energía del sonido. Diferentes animales responden positivamente a distintos tipos de música. Por ejemplo, la BBC informó de que a los leones marinos les gusta el R&B, mientras que las vacas y los cocodrilos reaccionan positivamente ante la música clásica. Los estudios demuestran que el canto de los pájaros y el zumbido de las abejas ¡estimulan el crecimiento de las plantas! Aunque no se ha demostrado científicamente, muchas personas creen que las plantas también responden a la voz humana o a una música relajante.

SONIDOS PARA SERENAR EL ALMA

Existen sonidos y murmullos que son especialmente adecuados para serenar nuestra energía emocional y espiritual. La ansiedad, el estrés y la depresión se pueden reducir o controlar eficazmente con el sonido.

Cuencos cantores

Se conocen como cuencos tibetanos, favorecen la meditación y se suelen fabricar con una mezcla de siete metales (cobre, oro o latón, hierro, plomo, mercurio, plata, estaño y zinc). Producen vibraciones y sonidos que restablecen el equilibrio energético. El sonido se produce deslizando un mazo por el borde del cuenco. Se ha demostrado que sus tonos tienen estos efectos:

- Reducen la ansiedad y el estrés
- Bajan la presión sanguínea y el ritmo cardíaco
- Mejoran la atención y la intuición
- Inducen una relajación profunda

Puede usar uno de estos boles para limpiar la energía de un espacio o una persona, siguiendo estas técnicas:

- **Para limpiar la energía de su hogar o de otro espacio,** sostenga el cuenco sobre un pequeño cojín en su mano izquierda y camine por el espacio en el sentido de las agujas del reloj, deslizando el mazo por el borde del cuenco. Puede finalizar el ritual dejando el cuenco en una mesa, en la parte central del espacio, y haciéndolo sonar desde allí.

- **Para limpiar su propia energía,** salga al exterior, a la luz del sol. Puede sostener el cuenco en la mano o dejarlo sobre una superficie frente a usted. Pase el mazo por el reborde. Imagine que la energía positiva circula a su alrededor y se apodera de usted, al tiempo que se lleva la energía negativa.

Use un cuenco tibetano para purificar la energía tras haber discutido con un ser querido, al instalarse en un nuevo hogar, después de una enfermedad o siempre que se sienta bloqueado o estancado.

Cuencos cantores de cristal

Tienen un aspecto similar a los anteriores pero están hechos de cristal (por lo general de cuarzo), aunque a veces se componen de una combinación de cristales. Los yoguis suelen empezar y terminar sus clases con estos cuencos. La teoría es que resuenan mejor con el cuerpo humano debido a la estructura cristalina de nuestros dientes y huesos. El sonido se produce deslizando un mazo por el borde, como en el caso de los cuencos metálicos.

Ambos tipos de cuencos ofrecen los mismos beneficios. No obstante, puesto que los de cristal producen sonidos que coinciden con las vibraciones de los chakras, esto los hace ideales para equilibrar y limpiar los chakras. Como referencia, las notas que corresponden a los chakras son:

CHAKRA RAÍZ: do

CHAKRA SACRO: re

CHAKRA DEL PLEXO SOLAR: mi

CHAKRA DEL CORAZÓN: fa

CHAKRA DE LA GARGANTA: sol

CHAKRA DEL ENTRECEJO: la

CHAKRA DE LA CORONILLA: si

Si no tiene un cuenco de cristal a mano, pruebe a equilibrar sus chakras con otro instrumento utilizando estas mismas notas. Los chakras responden también a ciertos tonos, así que pruebe a poner las manos sobre la parte que indica el chakra, exhale todo el aire y produzca los siguientes sonidos:

CHAKRA RAÍZ: Uhh

CHAKRA SACRO: Ooh

CHAKRA DEL PLEXO SOLAR: Aoo

CHAKRA DEL CORAZÓN: Ahh

CHAKRA DE LA GARGANTA: Ayy

CHAKRA DEL ENTRECEJO: Aye

CHAKRA DE LA CORONILLA: Om

Repita varias veces mientras las manos pasan de un chakra a otro, y sienta cómo cada uno de ellos vibra cuando exhala.

Cree sus propios rituales

La próxima vez que realice un hechizo, ¿por qué no pone un poco de música New Age o de meditación? A lo largo de nuestros años de trabajo mágico, hemos descubierto que poner música durante un ritual nos ayuda a potenciar la intención del hechizo. Se infiltra en la magia y hace que el hechizo cobre un mayor significado, lo cual le da más poder. Puede que prefiera tocar un tambor o hacer sonar unas campanillas de oración para señalar el inicio de la ceremonia, y repetirlo al finalizar el hechizo y cerrar el ritual.

Todas las prácticas de las que hablamos en el libro son para darle ideas y despertar su creatividad para que cuide de su mente, cuerpo y espíritu. Asegúrese de incorporar aspectos de los rituales que le atraigan y cree un espacio amoroso y de aceptación para el crecimiento espiritual. Establecer una intención, usar la meditación o una plegaria, disponer un campo de cristales, tomar un baño de luz solar o lunar, tomar un baño con agua caliente a la luz de una vela: todo ello puede potenciar su práctica. A veces aprenderá lo que a usted le funciona probando y rectificando, pero una vez tenga ya establecidas sus propias ceremonias, aténgase a ellas. Invierta tiempo y esfuerzo en su ser físico y psíquico, porque se lo merece. ¡Es usted inestimable!

HECHIZOS CON MÚSICA

Los investigadores han estudiado por qué ciertos sonidos, como la música, estimulan positivamente el nervio vago, el más largo y complejo de los del cráneo. El nervio vago se extiende desde el tronco encefálico hasta los intestinos, ramificándose hacia el corazón, los pulmones, el abdomen y otros. Estimular de forma positiva el nervio vago puede reducir el estrés, beneficiando de este modo a todo el sistema nervioso. La investigación ha demostrado que la música contribuye a aliviar la depresión y el dolor en los pacientes que han sufrido una intervención quirúrgica. Asimismo, al incorporar sonidos relajantes a sus rituales, lanza sus intenciones al éter desde una base sólida y estable.

No hace falta tocar música orquestal para obtener un beneficio. Piense en los primeros tiempos de la brujería, cuando se practicaba casi siempre al aire libre. Las brujas de esa época tocaban el instrumento que tenían a mano, por lo general un tambor o unos palos que golpeaban siguiendo un ritmo y aumentando de intensidad. Las brujas usaban cantos para invocar la ayuda de los espíritus o para concentrarse y clarificar sus intenciones. Visitaban a otras brujas para que se unieran a su círculo, formando así una comunidad de apoyo; la música y la danza cobraron una mayor importancia en el ritual.

Para trasladar esa misma energía a la brujería moderna, ¡sea creativo! Si sabe tocar un instrumento, piense en cómo incorporarlo a sus rituales. Por ejemplo, la flauta es un instrumento fácil de transportar, que puede llevar a cualquier parte, pero ¿qué pasa si toca usted el piano? Podría traer un teclado portátil si lanza el hechizo en el bosque, o realizarlo en casa, sentado al piano para tocar durante un ritual o componer una canción que pueda tararear durante los rituales al aire libre. O tal vez quiera grabarse y reproducir la grabación allí donde se encuentre. Otra opción es tocar para relajar la mente y el espíritu antes de lanzar el hechizo.

Cantar y salmodiar son formas simples de aportar un sonido agradable y poderoso a su ritual. Puede hacerlo en voz alta o baja, esté donde esté: en casa, en el coche, en la bañera, en el bosque. Ni tan solo tiene que pensar en las palabras; si encuentra una cita o un poema que le atraiga, póngale su propia melodía o ritmo y continúe a partir de allí.

Antes de crear o recibir algo de su magia o del universo, tiene que creer que lo merece. Emprenda siempre un hechizo con confianza y con la creencia de que el ritual funcionará. Muchas veces las dudas asaltan a una bruja, y eso produce un resultado deficiente. La mayor parte de la magia procede de su poder mental y de lo que proyecta hacia el exterior. Del mismo modo que aborda cualquier problema práctico de la vida, cuanta más confianza tenga en sí mismo, mejor será el resultado. Lo principal es estar bien enraizado y abierto a todo tipo de posibilidades.

Por ejemplo, si realiza un hechizo para manifestar su propio poder, pruebe a salmodiar las palabras: «*Si ha de ser, depende de mí*». Repita esto una y otra vez. Ahora levántese y añada unos pasos rítmicos a su canto. Si tiene un tambor de mano, úselo. Concéntrese en lo que dice y créaselo. Siéntalo. ¡Sepa que es la verdad! Habrá hecho realidad esta sencilla y breve línea con un poco de movimiento y de ritmo.

TIPOS DE PERSONALIDAD: ¿CUÁL ES EL SUYO?

Este apartado explora varios tipos diferentes de personalidad, el tipo de estrés al que son propensos y qué práctica de sonido es beneficiosa para ellos. Algunos tipos de personalidad se entrecruzan, así que tal vez quiera experimentar para saber qué sonido le va mejor. Recitar un mantra diario, acompañado por un sonido curativo (en directo o de una fuente en línea), por regla general por la mañana al levantarse, le ayudará a generar la magia necesaria para el resto del día. Para aquellos cuyos síntomas sean extremos, repita la terapia de sonido periódicamente a lo largo del día, o cuando se sienta abrumado.

No existen reglas fijas; puede recitar o salmodiar el mantra una sola vez o, si lo prefiere, repetirlo una y otra vez hasta que mejore su estado de ánimo. Asimismo, puede reproducir solo los sonidos si se siente especialmente estresado. (*Nota:* los síntomas crónicos de ansiedad y depresión podrían revelar temas más graves para los que tendría que consultar con un terapeuta o profesional médico.)

El que se preocupa

Todo el mundo se preocupa por algo, al menos de vez en cuando, pero a veces perdemos el sentido de la perspectiva y exacerbamos el estrés. Una vez se cae en un patrón de preocupación excesiva, por desgracia se convierte en un hábito difícil de romper; la persona tiende a imaginarse siempre lo peor. A estas personas les convienen ejercicios de atención plena, permanecer centradas en el momento y recordarse a sí mismas que están seguras.

CRISTAL: piedra lunar (sosténgala en la mano o llévela como una pieza de joyería).

MANTRA: *«Los temores se alejan de mí, estaré relajado, sereno y sin preocupaciones».*

SONIDO: campana.

El que se estresa

Esta persona tiende a emprender un proyecto tras otro, o bien porque es incansable o porque siente que no puede negarse. Puede ser un organizador fenomenal y extremadamente trabajador, pero al final las cosas se le amontonan y explotan. Algunas de estas personas se automedican o consumen alcohol, pero sería mejor que practicaran la respiración profunda, la meditación y los ejercicios de relajación.

CRISTAL: hematites.

MANTRA: *«Mente serena, alisa mi ceño fruncido, por fin mi estado de ánimo se aquietará».*

SONIDO: las olas del mar.

El que se pone nervioso

Mientras que el individuo que se preocupa se centra en los resultados negativos, las personas que se ponen nerviosas con facilidad suelen ser propensas al nerviosismo y al temor, sin que haya una razón en especial. Tienen un exceso de adrenalina circulando por sus venas, así que la práctica de ejercicio (correr, levantar pesos o el yoga) será un gran beneficio para ellas.

CRISTAL: ámbar.

MANTRA: *«Poder acumulado, yo te disperso, con la mente serena, todo va bien en este día».*

SONIDO: el canto de los pájaros.

El perfeccionista

El perfeccionista es muy exigente y siempre se plantea desafíos, sin poder descansar a menos que todo esté perfecto. A veces esto le lleva a marcarse objetivos inalcanzables, y cuando no los logra, se siente consumido por el miedo al fracaso.

CRISTAL: cuarzo rosa.

MANTRA: *«Si fracaso, que así sea, porque no soy perfecto, así es como soy».*

SONIDO: la lluvia.

El que duda de sí mismo

La baja autoestima y la preocupación se combinan en este tipo de personalidad para causar una corriente constante de dudas y autocrítica. Es la persona que siempre se siente como si hubiera tomado la decisión equivocada, aunque el tema sea trivial. El que duda de sí mismo se beneficia de la meditación y de los mantras que le recuerdan que sus opiniones son valiosas.

CRISTAL: cornalina.

MANTRA: *«Soy lo mejor que puedo ser, tendré éxito, con todo lo que hago, mis dudas se liberan».*

SONIDO: el canto de las ballenas.

Segunda parte

INGREDIENTES HOLÍSTICOS PARA LA AUTO-AFIRMACIÓN

Capítulo 6

Las hierbas más importantes para una bruja

MUCHO ANTES DE QUE EL SER HUMANO PISARA LA Tierra, había bosques y la flora crecía y prosperaba, sin limitaciones de fronteras, construcciones y otros obstáculos hechos por el hombre.

El antiguo filósofo griego Aristóteles dijo que las plantas eran mucho más que un alimento; sugirió que tenían alma. La ciencia moderna ha descubierto que las plantas se comunican unas con otras mediante una red de raíces y hongos subterráneos, y liberando sustancias químicas en el aire. Si una planta ha sido atacada por insectos nocivos —como pulgones— libera sustancias defensivas que los repelerán y que atraerán al depredador natural de los pulgones: las avispas.

Resulta sorprendente saber que otras plantas de la misma red liberan las mismas sustancias químicas, ¡aunque no hayan sido atacadas! Tenemos que respetar nuestro planeta y tomar conciencia de que la Madre Naturaleza es mucho más compleja de lo que pensamos. Incluso cuando seguimos ensuciando y mancillando nuestro mundo con plásticos y material contaminante, ella encuentra la forma de restablecer y reparar lo mejor que puede. Cuando se encuentra en el bosque o en la naturaleza, no está solo. Tiene todo un ecosistema a su alrededor, un parloteo y una energía constantes.

A algunas brujas les gusta cultivar sus propias hierbas, y si esto le es posible, no hay mejor manera de conectar en profundidad con los materiales que usa en sus hechizos. Hay algo mágico y satisfactorio en plantar una semilla en la tierra, para después ver como crece hasta convertirse en una planta. Durante su joven vida, y mientras la cuida, están intercambiando energía, así que para cuando llega a su plenitud habrá desarrollado un vínculo único para ambos. Esta relación potencia cualquier magia que practique en el futuro, por lo que, en cierto modo, es mejor intentar cultivar sus propias plantas. Para ciertas hierbas ni tan solo necesita un jardín: el alféizar de una ventana o un pequeño patio serán suficientes. Por supuesto, si tiene la suerte de contar con una parcela de tierra, puede cultivar muchas más cosas y experimentar con plantas que no se encuentran fácilmente.

Si no se le da bien la jardinería, o vive en un clima adverso para el cultivo, hay montones de brujas que venden sus excedentes de hierbas en Internet.

Son personas que habrán cultivado sus plantas con la misma intención positiva que si las hubiera cultivado usted mismo. Lo más imortante es profundizar y aprender sobre las plantas con las que trabaja, y después elegirlas deliberadamente, según su intención y necesidades.

Los botánicos emplean definiciones exactas para «hierba», que no es lo mismo que «planta» ni «hongo». Los wiccanos usan estas palabras de una forma un poco diferente. Cuando hablamos de fitoterapia o herbología, nos referimos al empleo de fuentes de sanación totalmente naturales que propician el bienestar. Casi toda planta de la Tierra posee propiedades curativas o mágicas, y estoy segura de que a las brujas les gustaría usarlas todas en sus rituales. Pero, de momento, hablaremos de las hierbas que se usan más habitualmente y que la bruja querrá tener a mano, con ejemplos de cómo usarlas mágicamente en su vida cotidiana. (*Nota:* no cubriremos aquí el tema de la fitoterapia, ¡porque es un libro en sí mismo! Además, muchas hierbas pueden interactuar con medicamentos y/o estar contraindicadas durante el embarazo, la lactancia y ciertos problemas de salud, así que es mejor consultar con un profesional médico.)

ALOE VERA (*Aloe vera*)

El aloe vera se utiliza para tratar la piel desde los tiempos de Cleopatra; se dice que la reina lo empleaba para mantener su lozana belleza. En el antiguo Egipto se la llamaba la «planta de la eternidad», y debido a sus propiedades antibacterianas y antifúngicas se usaba para embalsamar a los muertos.

El aloe es autóctono de Oriente Medio, pero crece extensamente en todo el mundo. Lo encontrará en la mayor parte de floristerías; si quiere cultivarlo usted mismo, hágalo en el interior, pues necesita poca agua.

Propiedades mágicas

- En África, el aloe se cuelga de cestos por toda la casa para atraer la buena fortuna para la familia y protegerla contra cualquier mal o accidente.

- En México, se añade a guirnaldas especiales que se cuelgan para atraer la buena suerte y el dinero.

- Úselo en hechizos para la sanación y el bienestar poniendo una hoja o el gel en el altar.

- Úselo para bálsamos de belleza mágicos.

- Para sueños proféticos y proyección astral, duerma con una hoja de aloe vera cerca de la cama.

- Úselo en la mayoría de los rituales de protección y sanación.

Ritual para una crema facial con aloe vera

Prepare su propio ritual para la relajación, la protección y el cuidado personal con esta crema de aloe vera.

MATERIALES

1 hoja de aloe vera de buen tamaño

1 cuchillo afilado

1 cucharita

1 bol pequeño

1 cucharadita de aceite mineral

Unas gotas de aceite esencial de lavanda o incienso, para aromatizar*

Unas gotas de aceite de vitamina E (opcional)

1 batidora**

1 tarro de cristal

RITUAL

Abra la hoja de aloe vera con un cuchillo y retire el gel y viértalo en el bol con la ayuda de una cucharita.

Añada el aceite mineral y el aceite esencial para aromatizar (y, si lo desea, el aceite de vitamina E). Mézclelos con la batidora hasta que esté cremoso. Cuele la mezcla para asegurarse de que no quedan grumos antes de pasarla a un tarro de cristal pequeño.

Aplique un poquito en la piel, cubra la zona y espere 24 horas para asegurarse de que no sufre ninguna reacción. Si es así, póngase frente al espejo cada mañana y aplíquese un poquito de crema en la cara. Mientras masajea la piel, repita esta salmodia hasta que termine de aplicar la crema:

«El aloe vera elimina mi estrés, mi piel está ahora fresca y renovada».

Espere unos momentos mientras visualiza a su alrededor una luz blanca de protección y sanación.

*La lavanda tiene contraindicaciones en los varones jóvenes por su interacción con las hormonas; tampoco es recomendable usarla durante el embarazo o la lactancia, ya que no se sabe del cierto cómo interactúa; puede desacelerar el sistema nervioso central, así que es mejor evitarla antes de una intervención quirúrgica.

**Debería reservar la batidora que use para este y otros rituales con fines mágicos. No la utilice para cocinar.

ALBAHACA (*Ocimum*)

Si le gusta cocinar, seguro que tiene albahaca en casa. Es fácil de encontrar y de cultivar, pero tenga en cuenta que existen varios tipos. Con más de cien variedades de albahaca, la dulce es la más común y la que se suele encontrar más fácilmente en las tiendas. Es la que se emplea en la mayoría de los hechizos, pero también es popular la variedad más resistente, la llamada albahaca sagrada.

ALBAHACA DULCE (*Ocimum basilicum*) Originaria de la India y del Asia tropical, esta hierba posee un tesoro de propiedades medicinales y mágicas. Actualmente se usa para cocinar en todo el mundo, pero no solo está deliciosa en una salsa de tomate; es una planta fabulosa de un gran poder.

Propiedades mágicas

Antaño, la albahaca dulce se usaba para proteger a las personas de los hechizos lanzados por sus enemigos; hoy día se sigue empleando para mantener alejadas las energías negativas, esparciendo unas hojas frescas o secas por los portales o las ventanas. La albahaca dulce se suele utilizar en hechizos de amor; su agradable aroma infunde buenos sentimientos en una pareja. Una leyenda italiana afirma que si un hombre acepta una ramita de albahaca de una mujer, están destinados a estar juntos. Pruebe a añadirla a una receta de cocina o reparta ramitas de albahaca por la casa para garantizar la armonía con su pareja.

- Se usa en hechizos para inspirar fidelidad en un amante, añadiendo hojas machacadas a una receta o quemando hojas durante un ritual.

- Para la fertilidad, pruebe a colgar un manojo de albahaca fresca sobre la cama y a hacer el amor durante la fase de luna nueva.

Ritual con albahaca para proteger su negocio

La preocupación de tener negocio propio a veces resulta abrumadora, sobre todo si sus empleados dependen del sueldo que usted les paga. Si su negocio flojea o simplemente quiere que funcione bien, bendiga el local con albahaca dulce. Es fácil: todo lo que tiene que hacer es plantar o comprar una planta de albahaca y dejarla en la ventana. Si trabaja desde casa, asegúrese de tener una maceta en algún punto de la misma. Manténgala bien regada y libre de plagas. Otra posibilidad es llevar una hoja de albahaca en el bolsillo, que atraerá la suerte y el dinero.

ALBAHACA SAGRADA (*Ocimum tenuiflorum*) La albahaca sagrada es un arbusto anual autóctono del subcontinente indio. Es una planta sagrada en el hinduismo y se asocia con un avatar de la diosa Lakshmi, esposa de Vishnu, el dios que mantiene y protege la vida. La albahaca sagrada se emplea en rituales hindúes y suele estar presente alrededor de los templos y lugares sagrados del país, así como en los patios de los hogares indios.

Propiedades mágicas

- La albahaca sagrada genera una vibración de paz y ayuda a equilibrar los chakras y a eliminar obstáculos que podrían estar bloqueando su energía.

- Posee una cualidad protectora y se usa para alejar a los malos espíritus.

- Atrae la felicidad y se usa en la magia amorosa para atraer a una pareja. Un viernes de luna llena encienda una vela rosa y tome un baño; añada unas hojas de albahaca sagrada al agua. Concéntrese en el tipo de pareja que desea atraer e imagínese con su nuevo amor.

- Ayuda a alejar los obstáculos y a limpiar los chakras.

Ritual para desbloquear los chakras

Después de este ritual se sentirá fresco y equilibrado; desatascará cualquier rueda energética que esté girando con lentitud.

MATERIALES

1 puñado de hojas de albahaca sagrada machacadas

1 vela blanca

1 bol ignífugo pequeño

1 encendedor o cerillas

RITUAL

Esparza ¾ partes de las hojas de albahaca sagrada machacadas por el suelo formando un círculo grande.

Ponga la vela blanca ceremonial en el bol, coloque este en el centro del círculo y encienda la vela. Ponga el resto de las hojas de albahaca sagrada en el bol.

Siéntese en el centro del círculo y empiece su meditación, enfocando la atención hacia cualquier bloqueo que sienta en los chakras. Permítase respirar hondo y concentrarse en la circulación de la energía espiritual. Alargue el tiempo de meditación tanto como quiera.

ÁRNICA (*Arnica montana*)

El árnica es una flor amarilla de la familia de los girasoles, parecida a una margarita, que crece en el noroeste de Norteamérica y en el norte de Asia y Europa. Tiene muchos nombres populares, como tabaco de montaña o estornudadera. Puede ser tóxica si se ingiere y causar irritación cutánea (puede ser absorbida por la piel), así que vaya con cuidado al manipularla.

Propiedades mágicas

- Se asocia con el solsticio de verano y la diosa Freya; úsela en esta época en agradecimiento al Sol. Levántese temprano para ver la salida de sol y, con sus propias palabras, agradézcale la luz que envía a la tierra.

- Se usa en hechizos de fertilidad y para el parto.

- Ayuda en hechizos para aminorar tormentas eléctricas, ventiscas y tormentas de nieve.

- Aleja a los malos espíritus del hogar.

- Evita que los enemigos crucen su umbral.

- Seque las hojas al sol y espárzalas por las entradas de su casa como protección.

ARTEMISA (*Artemisia vulgaris*)

La artemisa se ha usado durante siglos como importante hierba protectora en toda Europa, Asia, India y África del Norte. Los soldados romanos se ponían artemisa en las sandalias para protegerse los pies durante sus largas marchas, y las brujas se ponían unas hojas de esta hierba en la suela de los zapatos para estar seguras y protegidas cuando salían de viaje. En la Edad Media, la solían llevar quienes celebraban la noche de san Juan (23 de junio) para atraer la buena suerte y para protegerse contra las enfermedades.

Propiedades mágicas

- La artemisa es una de esas hierbas que potencia cualquier ritual. Simplemente dejando un platito con artemisa seca en el altar durante la realización del hechizo, el resultado será mejor. Es por tanto un ingrediente esencial en el kit de herramientas de una bruja.

- Se usa para invocar la clarividencia y para mejorar las lecturas psíquicas. Asimismo, se cree que un platito con artemisa al lado de la cama transporta a la persona al plano astral.

- Frotar una bola de cristal, las cartas de tarot o un espejo mágico con las hojas de la artemisa se cree que potencia las visiones de quien los usa.

- Cuelgue artemisa seca en la cocina como protección.

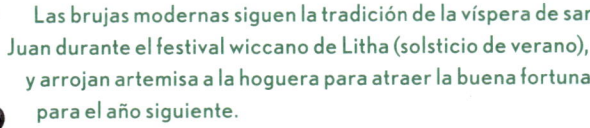

- Las brujas modernas siguen la tradición de la víspera de san Juan durante el festival wiccano de Litha (solsticio de verano), y arrojan artemisa a la hoguera para atraer la buena fortuna para el año siguiente.

- Prepare su propio aceite para untar dejando unas ramitas de artemisa en 2 cucharadas de aceite vegetal puro toda la noche. Este aceite durará tres meses si lo pone en una botellita con cierre de rosca.

(NOTA: no debería usar aceite de artemisa durante el embarazo o la lactancia; también podría causar alergias cutáneas, así que haga el test del parche y espere 24 horas antes de usarla.)

Ritual con artemisa para favorecer la clarividencia

Para una persona con dotes psíquicas que desee potenciarlas, confeccionar una bolsita de los sueños con artemisa puede hacer que las visiones sean más claras.

MATERIALES

1 puñado de hojas de artemisa secas

1 pañuelo de tela blanca

unas gotas de aceite esencial de artemisa

aguja de coser e hilo blanco

RITUAL

Ponga la artemisa seca en el centro del pañuelo de tela. Rocíe las hierbas con unas gotas de aceite esencial de artemisa, doble la tela en cuatro partes para formar un saquito y cosa el reborde hasta sellarlo.

Ponga la bolsita bajo la almohada y duerma con ella todas las noches. Asimismo podría recitar unas palabras antes de cerrar los ojos, por ejemplo:

«Te pido visiones lúcidas y serenas mientras duermo,
y comprensión de las imágenes que a mí acudan. Que así sea».

BERGAMOTA *(Citrus bergamia)*

Si es usted una de esas personas a quien le gusta tomar de vez en cuando una taza de té, puede que, sin saberlo, ya sea aficionado a la naranja bergamota. El árbol de la bergamota es originario del sur de Asia y crece también en abundancia en el sur de Italia. Produce un cítrico de aroma fresco e intenso (pero de sabor más bien amargo), y el aceite de la cáscara se usa para aromatizar el té Earl Grey.

Propiedades mágicas

- La bergamota es excelente para limpiar el alma de energías agobiantes como la tristeza, la preocupación e incluso la aflicción.

- La bergamota nos reconecta con nuestro verdadero yo cuando nos apabulla la negatividad. Ponga 10 gotas de aceite de bergamota en el agua de la bañera y permanezca en el agua hasta que sienta que la energía oscura desaparece y usted se llena de otra más luminosa. Asegúrese de enjuagarse con agua limpia antes de salir de la bañera.

(*Nota*: realice el test del parche durante 24 horas en un trocito de piel antes de bañarse; el aceite de bergamota hace la piel más sensible a la luz, así que enjuáguese bien. No use bergamota durante el embarazo o la lactancia.)

- Si tiene problemas de dinero, aplique unas gotas de aceite de bergamota a su cartera o directamente sobre los billetes para obtener un beneficio. Si prefiere no llevar dinero en efectivo encima, ponga unas gotas de aceite de bergamota en un difusor sobre su mesa de trabajo o aplique una gota en la palma de ambas manos para aumentar la circulación del dinero.

ESTRAGÓN (*Artemisia dracunculus*)

El estragón es muy aromático cuando crece en el jardín —se lo encuentra silvestre en todo el hemisferio norte—, sin embargo, si se añade a un alimento al cocinar, su sabor es suave y parecido al del anís. *Dracunculus* significa «dragoncito» en latín, y antaño se decía que el estragón alejaba a los dragones, serpientes y otras criaturas venenosas. Asimismo, curaba de las mordeduras de serpiente y servía de amuleto de buena suerte en las cacerías de dragones u otras bestias. Las brujas de cocina actuales consideran que el estragón es un ingrediente esencial para muchos usos prácticos y mágicos.

Propiedades mágicas

- Usado durante siglos para que reine la paz en el hogar; se emplea en hechizos y amuletos para la paz, la compasión y la tranquilidad. Ponga un trocito de estragón en un guardapelo o amuleto para mantener o atraer la armonía, especialmente si se encuentra en una situación caótica.

- Se usa en hechizos de amor o ceremonias para atraerlo.

- Consagra los instrumentos sagrados de un altar. Queme estragón seco para desinfectar su altar.

- Dormir con estragón o comer una hoja antes de acostarse puede inducir sueños lúcidos y viajes astrales.

- Secar y colgar estragón protege el hogar del mal o de perturbaciones.

- Plante estragón en el jardín, como ayuda para pasar el duelo cuando fallece un ser querido.

- Usado en bolsitas y amuletos hace que los deseos se hagan realidad.

- Ayuda a ahuyentar cualquier cosa no deseada de su vida.

Hechizo con estragón para liberarse de situaciones indeseadas

El estragón es excelente para eliminar energías negativas. Puede que tenga problemas en el trabajo o que se relacione con personas difíciles, incluso tóxicas. Anote en un papel el nombre de la persona o la cosa de la que desea liberarse. Siéntese frente al fuego y eche una ramita de estragón a las llamas, junto con el papel. Repita estas palabras en voz alta:

«Estas palabras escritas desaparecen,
con la ayuda mágica del estragón.
Que así sea».

Si no tiene un lugar donde encender fuego, ponga el papel y la hierba en un recipiente ignífugo. Sin importar el método empleado, el estragón sella el deseo o la intención, y usted emprende un nuevo camino.

HIERBA GATERA (*Nepeta cataria*)

Si tiene un gato en casa, sabrá que la hierba gatera —o menta gatuna— es capaz de volver loco al minino más tranquilo. A estos animales les encanta refregarse contra sus hojas y arañarlas hasta que casi no queda rastro de la planta. Es una hierba indígena del sureste europeo, Oriente Medio y Asia, y no solo es una «droga placentera» para los gatitos, sino que también se ha empleado durante siglos para facilitar la conexión psíquica entre los felinos y sus dueños.

Propiedades mágicas

- La hierba gatera atrae buena suerte y energía espiritual positiva a su hogar si la planta en el jardín o la cuelga de la puerta.

- Si sostiene unas hojas de hierba gatera en las manos hasta que se calienten, y luego le da la mano a alguien, esa persona será su amiga para siempre, pero solo si después guarda las hojas en un lugar seguro.

- La hierba gatera también se usa en saquitos de amor y hechizos para el amor y la felicidad.

Hechizo con hierba gatera para atraer el romance

Para hechizos de amor y amistad, mezcle hierba gatera con pétalos de rosa para potenciarla. Pruebe este sencillo hechizo para atraer a la pareja de sus sueños.

MATERIALES

1 diario o libro de sombras

1 cucharadita de hierba gatera seca

10 pétalos de rosa (de cualquier color)

2 velas rojas

RITUAL

En primer lugar, escriba en su diario sobre la persona que le gustaría atraer. Sea concreto: ¿qué aspecto tiene, ¿qué edad?, ¿qué tipo de personalidad? Imagínese feliz y enamorado de su pareja. Ponga la hierba gatera y los pétalos de rosa en el centro de una mesa. Puede dejarlos directamente sobre la mesa o en algún receptáculo. Encienda las velas y recite este encantamiento con intención:

«Que el amor que veo en mi mente entre en mi vida.
Que nuestro amor dure toda la vida y nos traiga satisfacción a los dos.
Que así sea».

Repita el hechizo tres noches seguidas y el romance debería empezar a florecer.

LAVANDA (*Lavandula*)

En algunos establecimientos, como un balneario, nos da la bienvenida un maravilloso aroma que resulta de una mezcla de lavanda. Esta hierba, originaria de Europa, África oriental, sudoeste asiático e India, es conocida por aliviar la ansiedad y favorecer la relajación. En la actualidad, la lavanda disfruta de gran popularidad en nuestro estresado mundo.

Propiedades mágicas

- Se cree que la lavanda despertará el amor de su alma gemela y la atraerá hacia usted. Puede perfumarse con lavanda o aplicar una o dos gotas de aceite esencial en los puntos de pulso. Añadir sales de baño con aroma a lavanda a la bañera produce el mismo efecto.

- Si las cosas no van muy bien con su actual pareja, esta hierba ayudará a calmar las tensiones para que el amor florezca de nuevo.

- Si un niño o un bebé está malhumorado, el aroma a lavanda le calmará; por ello, los productos de baño y cremas para bebé suelen llevar lavanda.

- Se usa para purificar y proteger. Ponga una ramita de lavanda en las cuatro esquinas de la casa o en las paredes exteriores para evitar que entren las energías negativas o se queden allí. Ponga también ramitas secas o plantas frescas como toques decorativos en la casa, surtirán el mismo efecto.

- Bañarse con lavanda ayuda a eliminar la energía negativa, y eso se debe, en parte, a que se siente relajado. Simplemente asegúrese de limpiar la bañera con agua al terminar, porque quedarán restos de los diminutos pétalos.

Use lavanda para alejar las pesadillas

Si le atormentan las pesadillas podría deberse a que, sin saberlo, visita en sueños el plano del bajo astral. Por allí merodean las entidades negativas y es crucial que se proteja antes de dormirse. Una buena forma es conversar cada noche con su guía y pedirle que le mantenga a salvo y alejado de cualquier cosa negativa. Otra forma más práctica es comprar un atrapasueños, que puede adquirir a bajo coste en Internet. Entrelace la red del atrapasueños con unas ramitas de lavanda y cuélguelo cerca de su cama. También puede poner unas ramitas de lavanda en el interior de la funda de la almohada o combinar su ritual nocturno con una infusión de manzanilla. Favorecerá la relajación y le protegerá.

MANZANILLA DULCE O ALEMANA
(*Matricaria chamomilla*)

Las flores de la manzanilla dulce parecen pequeñas margaritas, alegres y frescas. Originaria de Europa, Asia e India, es una planta asociada desde siempre con la relajación, el sueño reparador y un estado de ánimo positivo cuando las cosas se tuercen. Es fácil de cultivar si tiene un jardín; las flores se usan para preparar tisanas, infusiones, tinturas, cremas o ungüentos. Para el uso mágico, la manzanilla tiene dos funciones. En primer lugar, ayuda a calmar y tranquilizar el alma, y también nos abre a un mejor trabajo psíquico y espiritual. Mientras se prepara para un ritual, tome una taza de manzanilla o prepárese un baño para eliminar la negatividad que pudiera llevar encima. (*Nota:* la manzanilla dulce puede agravar las afecciones sensibles a las hormonas e interactuar con píldoras de estrógenos, sedantes, anticoagulantes, antiestrógenos y medicamentos que se metabolizan en el hígado, como la lovastatina, el triazolam y otras.)

Propiedades mágicas

- La manzanilla alivia el cansancio, desintoxica y elimina la negatividad. Cuando prepare un baño, agregue un buen puñado de flores de manzanilla frescas, junto con otro de sal marina, para aumentar la positividad y la relajación.

Encienda una vela blanca para una purificación y protección extras. Inhale positividad y exhale dudas, frustraciones y pensamientos destructivos. Visualice el resultado deseado, pero manténgalo rodeado de luz y amor.

- La manzanilla también atrae el dinero y la suerte. Imagine que va a ir a un casino el fin de semana a probar suerte. Podría preparar una bolsita rellena de manzanilla y guardársela en el bolsillo. Esto atraerá la suerte.

- Use manzanilla para combatir las fuerzas negativas y los hechizos provenientes del exterior. Simplemente esparza flores secas por el portal de su casa o en cualquier espacio que desee purificar. Por ejemplo, ponga unas flores en su mesita de noche si tiene pesadillas o desea combatir el insomnio. Si su jefe la tiene tomada con usted, esparza un poco de manzanilla alrededor de su mesa de trabajo para alejar la energía negativa.

Amuleto de manzanilla para mejorar su suerte

Confeccione uno de estos amuletos si necesita una racha de buena suerte, o prepare uno para un amigo y escriba su nombre en el papel en lugar del suyo. Es un bonito detalle, especialmente si está pasando una mala época.

MATERIALES

1 retal de tela roja, verde o amarilla (los colores de
   la buena suerte)

1 par de tijeras

1 aguja de coser e hilo rojo, verde o amarillo

1 puñado de manzanilla seca (hojas y flores)

1 trozo de papel y bolígrafo

Recorte dos círculos de tela de unos 10 cm de diámetro
y cósalos, con el lado del revés hacia fuera, dejando una
abertura de unos 4 cm.

A continuación, dele la vuelta al tejido y rellene el círculo con
la manzanilla seca. Escriba en un papel su nombre y las palabras «mejora mi suerte». Doble el papel y póngalo en la bolsita.
Cosa la abertura del círculo para cerrarla.

Para cargar el amuleto, sosténgalo contra la frente y cierre los ojos.
Durante unos minutos, transmita mentalmente a la bolsita sus pensamientos positivos y pídale que cambie su suerte a mejor. Asegúrese
de llevar siempre el amuleto encima y déjelo bajo la almohada al
acostarse por la noche.

MILENRAMA (*Achillea millefolium*)

La milenrama es una pequeña y encantadora flor originaria de Europa,
América del Norte y oeste asiático, que suele crecer en las praderas y los
bordes de los caminos. Es un ingrediente básico en un jardín mágico por su
multitud de usos, tanto en sanación como en adivinación. A la milenrama
le gustan los lugares soleados y crece año tras año.

Propiedades mágicas

- Ponga hojas de milenrama en su altar al realizar hechizos de amor para
  atraer el amor verdadero.

- Los recién casados pueden colgar milenrama seca en su hogar para tener siete años de armonía en su matrimonio. ¡Pero no tiene que ser un recién casado para usar esta hierba que potencia las relaciones! Pruebe la milenrama para fortalecer los lazos de su hogar feliz.

- Cuando se lleva en un amuleto o bolsita, la milenrama protege de las energías oscuras y le infunde valor a cualquiera que lleve un ramito en la mano. (En la mitología griega se dice que Aquiles usaba la milenrama para curar y para infundir valor.)

- La milenrama sana el dolor espiritual y limpia el aura. Si siente que ha captado alguna mala energía, la milenrama le ayudará a librarse de ella.

Hechizo con milenrama para recién casados

Plante su propia milenrama en el jardín. Mientras lo hace, concéntrese en la intención, que es enriquecer el amor entre usted y su pareja. Cuando recolecte las flores, medite sobre cómo quiere que sea la relación. Imagínese con su amor dentro de 20, 30, 50 años. ¿Cómo prospera la relación, cómo la imagina?

Deje secar las flores durante una semana. Pídale a su pareja que cuelgue la dmilenrama seca en su dormitorio. Comparta con ella las razones de este sencillo ritual y recite una plegaria de agradecimiento por tenerse el uno al otro.

ROMERO (*Salvia rosmarinus*)

El romero es tan popular como la lavanda, pero sus aromas son muy distintos. Originario de la zona mediterránea e ingrediente importante en la cocina de la región, las flores del romero tienen un tono violáceo azulado. Existen varias leyendas que asocian el color con el manto de la Virgen María, pero su nombre en latín, *rosmarinus*, significa literalmente «rocío marino».

Propiedades mágicas

- Los aprendices de bruja afirman que el romero les ayuda a concentrarse y a enfocar la mente. Mordisquear unas hojitas antes de un examen aumenta la concentración.

- Se usa como hierba para sahumerio, para limpiar y proteger personas y lugares de energía negativa. Puede comprar un atado de romero ya preparado o, si cultiva la planta en casa, prepare el suyo atándolo bien apretado con un cordel.

- Cuelgue romero de las ventanas de casa para mantener alejados los celos.

- Tenga una ramita en el exterior cerca de la puerta de entrada, o una planta en el jardín, para que su pareja le siga siendo fiel.

- Se cree que plantar esta hierba al lado de la puerta de entrada de casa aleja a los ladrones.

- Comer romero de forma regular ayuda a disipar la aflicción y el enfado.

- Prepare una infusión de romero en agua hirviendo y tómela a sorbitos para potenciar la creatividad.

Bendecir las cartas de tarot con romero

Si quiere limpiar sus cartas de tarot después de una lectura, una buena forma de hacerlo es quemando romero. Encienda el extremo de una ramita de romero, sople sobre la llama y déjela en un cuenco ignífugo. Tenga a mano una botella de agua. Siga soplando para que la ramita encendida produzca un humo que vaya hacia las cartas. Disperse el humo por el espacio y la superficie de trabajo. Pídale a los espíritus que purifiquen y bendigan sus cartas, dejándolas a punto para el siguiente uso. Apague la ramita encendida con agua al final del ritual.

SALVIA (*Salvia Officinalis*)

Esta potente planta se considera la hermana del romero, porque ambas proceden del Mediterráneo y crecen bien si se plantan una al lado de la otra. Sus beneficios se asocian desde hace tiempo con la longevidad, lo que significa que si crece silvestre en el jardín, su propietario tendrá una vida larga y saludable. Es fácil cultivar salvia, pero cuidado: algunas brujas creen que trae mala suerte plantarla en su propio jardín y sugieren que otra persona lo haga por usted. No estamos seguras de compartir esta superstición, pero le animamos a plantar dos arbustos, no solo uno, y siempre tendrá la suerte de cara.

Propiedades mágicas

- Escriba sus deseos en una hoja de salvia y déjela bajo la almohada. Si sueña con el deseo en las setenta y dos horas siguientes, se dice que este se cumplirá. Si no sueña con lo que desea, entierre la hoja en el exterior.

- Use la salvia en hechizos y meditaciones relativos al dinero, profesión y vida familiar. La salvia atrae la suerte y la sabiduría.

- Lleve una hoja de salvia en el bolsillo o en un guardapelo para protegerse contra hechizos y malos espíritus.

- Lleve salvia en la cartera para atraer el dinero.

- El saber mágico popular dice que si la salvia crece bien en un jardín, todo irá bien para la economía familiar.

Hechizo con salvia para ahuyentar los fantasmas de casa

La salvia es un desinfectante espiritual, así que no sorprende que uno de sus usos más populares sea alejar de alguien o de algo cualquier negatividad. Los chamanes nos enseñan que esta potente hierba también es capaz de alejar los espíritus no deseados. Si cree que su casa está encantada o siente algo raro cuando está solo en ella, una forma segura de mantenerla libre de espíritus es con un sahumerio de salvia. Puede comprar un atado de salvia en cualquier tienda esotérica o prepararlo con ramitas de su propia planta; átelas bien apretadas con un cordel. Tiene que colgar el atado en algún lugar de la casa hasta que esté cien por cien seco. Cuando esté listo, simplemente encienda el extremo y sople al momento sobre las llamas.

Verá como sigue ardiendo y liberando un aroma intenso. Con la mano o con una pluma, distribuya el humo por todas las habitaciones de la casa. (*NOTA: tenga agua a mano al hacerlo y evite acercarse a las superficies inflamables.*) También puede hervir hojas de salvia o quemar hojas secas en un bol para un efecto similar.

TOMILLO (*Thymus*)

El tomillo es una planta pequeña de más de cien usos, tanto prácticos como mágicos. Originaria de la región mediterránea, el tomillo limpia también las cosas en el plano espiritual. Los antiguos griegos quemaban tomillo en sus templos para preparar y purificar el espacio de un ritual. Puede continuar con esta tradición antes de realizar sus propias ceremonias, su sesión de meditación o el trabajo con hechizos.

Propiedades mágicas

• El tomillo resulta muy útil en los hechizos y los amuletos relacionados con el amor. Para resultar atractivo al sexo opuesto, póngase una ramita de tomillo detrás de la oreja.

• Inserte una ramita de tomillo en una almohadilla para sueños para evitar las pesadillas y potenciar la conciencia psíquica.

• Para atraer a las hadas y los duendes a su jardín, plante tomillo en los bordes de los parterres.

- A continuación, un pequeño truco de adivinación para poder ver la cara de su verdadero amor: ponga tomillo en un zapato y romero en el otro. Rocíe ambos zapatos con tres gotas de agua y déjelos a un lado durante la noche. Cuando se acueste, tómese un momento para invocar a sus guías espirituales para que le muestren en sueños a la persona a la que está destinada.

Hechizo con tomillo para infundir valor

Solo oliéndolo, el tomillo ya le da protección y valor para superar cualquier obstáculo. Pero puede ir un poco más lejos y prepararse un baño ritual, porque eso eliminará el temor y la duda y los sustituirá por valor y confianza.

MATERIALES

1 vela blanca

1 vela roja

5-10 gotas de aceite esencial de tomillo*

5 gotas de aceite esencial de romero*

RITUAL

Prepare un baño bien caliente. Encienda la vela blanca, símbolo de pureza, y colóquela cerca de la bañera; a continuación, encienda la vela roja para despertar su valor interior.

Añada 5-10 gotas de aceite esencial de tomillo al agua. y, luego, 5 gotas de aceite esencial de romero. Mientras remueve para que el aceite se mezcle con el agua, repita este hechizo.

«Que mi corazón sea como el del león
y que mis temores desaparezcan.
Que mi alma tenga claridad y mi mente fortaleza.
Que así sea».

*Realice la prueba del parche: aplique una gota de cada uno de los aceites sobre la piel y espere 24 horas para asegurarse de que no sufre una reacción alérgica. Luego, permanezca 20 minutos en el agua del baño. Cuando termine, apague las velas y limpie la bañera.

VALERIANA *(Valeriana officinalis)*

A la valeriana se la llama a veces «el Valium natural», o «curalotodo», por su capacidad de calmar incluso los nervios más crispados. Originaria de Europa y partes de Asia, tiene un aroma muy terroso, como de raíz, que a algunas personas les resulta demasiado intenso, pero su capacidad para tratar el insomnio y calmar la hiperactividad no tiene igual en el mundo de las hierbas. (*Nota:* consulte con un profesional médico antes de tomar valeriana; provoca somnolencia, interactúa con muchos medicamentos y no debe tomarse durante el embarazo ni la lactancia, o si tiene prevista una intervención quirúrgica.)

En la magia negra, hay personas que usan la valeriana como «polvo de cementerio» para invocar a los espíritus oscuros y hacer que estos realicen su trabajo sucio, lanzando maleficios contra sus enemigos. Recuerde la regla de la wicca: lo que envías regresa a ti por triplicado, ¡así que no haga daño a nadie!

Propiedades mágicas

- Tener valeriana fresca en casa ayuda a mantener alejados a los malos espíritus y a los rayos.

- Alivia la tensión de una pareja que discute.

- Llevar una ramita de valeriana o ponerla en un saquito para el amor atraerá el amor verdadero.

- Quemar valeriana en polvo, aceite o incienso atrae a los espíritus de animales.

- La valeriana posee una energía capaz de purificar su hogar o su espacio ritual.

- Si cree que ha recogido alguna vibración negativa, ponga unas gotas de aceite de valeriana en el baño y permanezca de 15 a 20 minutos en el agua. Imagine que la energía negativa se aleja y que absorbe la energía más fuerte y más pura. Después del baño, enjuáguese con agua limpia.

Hechizo con valeriana para acabar con las discusiones

Nunca es agradable pelearse con alguien con quien se convive. Este hechizo les ayudará a los dos a dejar las discusiones a un lado y reconectar de una forma más positiva. Para este hechizo necesitará un mechoncito de pelo, tanto suyo como de la otra persona; realícelo durante una noche de luna llena.

MATERIALES

2 mechones de pelo: uno suyo y el otro de la persona con la que discute

1 plato

1 cucharadita de raíz de valeriana seca

1 vela blanca

RITUAL

Mezcle los mechones de pelo en el plato durante la luna llena.

Esparza una cucharadita de valeriana seca en el plato y encienda una vela blanca. Repita 13 veces este encantamiento:

> *«Detén nuestra pelea; las disputas se acaban.*
> *Allana el camino para que podamos ser amigos».*

Cuando lo haya recitado 13 veces, cierre el ritual diciendo: *«Que así sea»*. Deje arder la vela (no la deje nunca sin supervisión; si es necesario, use una candelita) y, a continuación, eche el contenido del plato fuera de casa. Cuando el viento se lo lleve, las discusiones cesarán.

VERBENA (*Verbena*)

Esta planta con flores es originaria de América, Europa y Asia. Se dice que los romanos usaban verbena para purificar y decorar sus altares, y que los druidas tejían con ella las coronas de los rituales de iniciación. Los persas la incluían en sus ceremonias de adoración al Sol, y es que la planta adquiere su mayor poder mágico cuando se la recolecta en el solsticio de verano o después, durante los días más calurosos del verano en que Sirio (*Canis*

Major) está en ascenso. Desde los inicios de la historia de la magia, la verbena ha sido un ingrediente básico en la caja de herramientas de cualquier bruja o hechicera. Sus usos mágicos son numerosos y variados.

Propiedades mágicas

- Una corona hecha con verbena le protege durante un conjuro u otros hechizos.

- Llevar encima una ramita de verbena le protege contra el mal y los accidentes.

- Tener verbena en casa la protege contra los rayos.

- Una infusión de verbena rociada por toda la casa aleja las energías negativas y purifica el espacio.

- Tomar un baño con unas gotas de aceite esencial de verbena en el agua ayuda a eliminar la energía oscura de su aura o espíritu, mejora su visión psíquica y hace que sus enemigos piensen como usted. (Realice una prueba de parche de 24 horas para asegurarse de que no sufre una reacción alérgica.)

- La verbena aporta paz a las situaciones y relaciones tensas.

- Para atraer la riqueza y el éxito, use la hierba en un hechizo para el dinero o plántela cerca de casa.

- Poner una hoja de verbena bajo la almohada le protegerá contra las pesadillas.

- Poner verbena bajo el colchón de la cuna de su bebé hará que este sea un niño avispado y alegre.

Hechizo con verbena para que alguien se fije en usted

Esta hierba se usa con regularidad en pociones y hechizos de amor. Por ejemplo, puede quemar verbena para que el objeto de su afecto se fije en usted. Basta con poner una ramita seca en un recipiente ignífugo, visualizar el rostro de la persona amada y encender la hierba con una cerilla o encendedor. Repita este encantamiento tres veces:

«En este momento veo al amor que me pertenecerá.
Fusiona dos espíritus en uno solo, que con este hechizo se realice».

Una vez recitado el hechizo, termine con las palabras: *«Que así sea».*

✳

OTRAS HIERBAS Y SUS CORRESPONDENCIAS MÁGICAS

Si quiere preparar sus propias pociones y mezclas de hierbas, a continuación le ofrecemos una lista de algunas de las más populares entre las brujas. Simplemente dejándolas en el altar durante un ritual, lo potenciará para un mayor éxito, o tal vez prefiera preparar sus propias bolsitas o amuletos para cambiar las energías de su entorno.

(*Véase* también la «Guía de referencia fácil» que se incluye en el capítulo 7, págs. 194-199; menciona muchas de las hierbas de la lista siguiente, así como frutas, verduras y especias importantes, agrupadas según el propósito del hechizo.)

Acedera (*Rumex acetosa*)

Para encantar ◆ Atrae a las hadas y duendes al jardín ◆ Aumenta la suerte y la buena fortuna

Achicoria (*Cichorium intybus*)

Para la frugalidad ◆ Elimina obstáculos ◆ Purifica los lugares sagrados ◆ Se usa en hechizos de sanación ◆ Ayuda a perder peso

Angélica (*Angelica*)

Excelente para rituales relacionados con la protección ◆ Le conecta con su ángel o guía espiritual ◆ Se usa en bendiciones y limpiezas ◆ Protege contra los maleficios ◆ Empléela con una vela dorada para invocar al arcángel Miguel

Apio de monte (levístico) (*Levisticum officinale*)

Para los rituales de amor ◆ Aumenta la pasión en una relación ◆ Trae felicidad y amor a la familia ◆ Se usa en regalos para los seres queridos ◆ Sella las amistades

Borraja (*Borago officinalis*)

Atrae la paz y la armonía ◆ Fomenta el valor y la fuerza ◆ Aumenta las capacidades psíquicas ◆ Expande el negocio o mejora las posibilidades laborales

Cardo mariano (*Silybum marianum*)

Protege contra todo mal • Aumenta la pasión • Invoca el mundo de los espíritus • Protege contra la enfermedad

Cebollino (*Allium schoenoprasum*)

Protege • Elimina la negatividad • Se usa en hechizos para la pérdida de peso • Aleja las pesadillas • Favorece la buena salud en general

Cilantro (*Coriandrum sativum*)

Para hechizos de sanación • Potencia el amor y las relaciones • Las semillas se usan para atraer un nuevo amor • Potencia la fertilidad

Consuelda (*Symphytum*)

Calma las emociones • Da seguridad en los viajes • Sana las emociones dolorosas • Realza la belleza • Atrae la riqueza y el dinero

Eneldo (*Anethum graveolens*)

Trae buena suerte y buena fortuna • Protege a los bebés • Potencia el impulso sexual • Favorece el éxito ante los tribunales • Mejora el bienestar • Atrae bendiciones hacia usted • Mejora la concentración

Equinácea (*Echinacea*)

Usada en hechizos para tratar la salud en términos generales ◆ Potencia la fuerza y la resistencia ◆ Para un bebé sano ◆ Para reforzar las relaciones personales

Fenugreco (*Trigonella foenum–graecum*)

Impulsa las finanzas ◆ Aumenta la suerte y la prosperidad ◆ Favorece el éxito en los negocios ◆ Se usa en hechizos relacionados con la pérdida de peso

Hierbaluisa (*Aloysia citrodora*)

Le ayuda a acabar con los malos hábitos ◆ Potencia la fuerza de voluntad ◆ Produce un efecto calmante y purificador ◆ Se usa en tratamientos de belleza

Hinojo (*Foeniculum vulgare*)

Para hechizos de sanación ◆ Para purificar y bendecir ◆ Purifica el altar ◆ Da fuerza ante las situaciones desesperadas

Hipérico (*Hypericum perforatum*)

Protege contra el dolor y la fiebre ◆ Destierra o elimina maleficios ◆ Se usa en hechizos de protección ◆ Evita las pesadillas ◆ Levanta el ánimo

Hisopo (*Hyssopus officinalis*)

Ayuda a meditar ◆ Usado para limpiar y purificar ◆ Potencia la creatividad ◆ Rompe las maldiciones y los maleficios ◆ Consagra el altar (prepare una infusión y rocíela por los espacios mágicos)

Laurel (*Laurus nobilis*)

Ofrece protección general ◆ Invoca el dinero ◆ Buena para los negocios ◆ Mejora las capacidades psíquicas ◆ Fomenta la fuerza y la resistencia

Limoncillo (*Cymbopogon*)

Mantiene el mal alejado ◆ Elimina maleficios ◆ Se usa en la magia de amor para atraer el romance ◆ Calma las relaciones conflictivas ◆ Aplaca a los niños rebeldes ◆ Se usa en rituales de salud en general

Matricaria (*Tanacetum parthenium*)

Mejora el estado mental ◆ Produce felicidad y alegría ◆ Se usa en rituales para el bienestar y para calmar el dolor

Menta (*Mentha*)

Se usa en hechizos de sanación ◆ Para un viaje seguro ◆ Invita a guías y ángeles ◆ Propicia el dinero y que este circule ◆ Atrae mejor suerte

Orégano (*Origanum vulgare*)

Trae felicidad y protección ◆ Favorece la buena fortuna y la prosperidad ◆ Se usa en rituales para superar una relación complicada ◆ Protege el hogar

Ortiga (*Urticum*)

Queme ortiga para limpiar los instrumentos del altar ◆ Protege contra personas o lugares peligrosos ◆ Ahuyenta los malos espíritus y los fantasmas ◆ Cuelgue una ramita del coche como protección ◆ Atrae a las hadas

Perejil (*Petroselinum crispum*)

Usado como amuleto para tener suerte en las competiciones ◆ Infunde fuerza y valor ◆ Combínelo con una turquesa para ayudar a la sanación ◆ Para bodas y otras ceremonias ◆ Para conseguir un nuevo trabajo ◆ Elimina la mala suerte y atrae la positividad

Perifollo (*Anthriscus cerefolium*)

Protege ◆ Mitiga los sentimientos no deseados ◆ Controla los chismes ◆ Elimina los malos deseos

Trébol (*Trifolium*)

Rompe maleficios y aleja a los espíritus negativos ◆ Atrae la riqueza y el dinero ◆ Favorece la buena suerte, la felicidad y la armonía

Capítulo 7

Alimentos, hierbas y productos básicos

de la despensa para la salud, el hogar y la magia

DURANTE EL TIEMPO QUE PASAMOS EN LA TIERRA, EL cuerpo humano es nuestro único modo de transporte; si queremos que prospere y viva hasta una edad avanzada, debemos cuidarlo. Imagine que el cuerpo es como un coche: no le pondríamos la gasolina equivocada, y sin embargo tomamos alimentos que nos producen inflamación y nos hacen sentir mal. Igual que de vez en cuando tenemos que llevar el coche a revisar, debemos hacer lo mismo con el cuerpo y hacernos un chequeo. Cuando el coche deja de funcionar, lo cambiamos por uno nuevo: una metáfora para el proceso de reencarnación.

Lo que ingiere a lo largo de toda la vida es su carburante, así que debe asegurarse de comer adecuadamente siempre que pueda. Es fácil de decir, pero no tanto de hacer, sobre todo cuando nos sentimos tentados por los cientos de deliciosos manjares que tenemos al alcance en el siglo XXI.

En épocas anteriores, íbamos a la tienda local a comprar frutas y verduras de la estación, o quizás nuestro abuelo tenía su propio huerto y compartía sus frutos con la familia; hoy día, las estanterías de los grandes establecimientos están abarrotadas de cosas ricas de todo el mundo, y hay muchísimo donde elegir. Para cambiar de forma eficaz su estilo de vida tiene que cambiar de mentalidad: siempre que sea posible, tome productos de cultivo ecológico, y haga lo mismo cuando use alimentos con fines mágicos.

EL LIMÓN

Si existe una fruta que debería intentar incorporar a su dieta cotidiana, ¡es el limón! Estas versátiles preciosidades están repletas de maravillosos beneficios para la salud; no solo se usan para limpiar y desintoxicar el cuerpo, sino que le darán brillo a su pelo y a sus superficies de trabajo.

Cuando corta un limón por la mitad horizontalmente, verá que parece un sol resplandeciente, por lo que no es extraño que las brujas lo utilicen en sus rituales de adoración al Sol. Los limones se suelen poner en el altar para representar la energía cósmica y las deidades solares, y pueden ser un accesorio muy potente para su trabajo con hechizos.

La mágica agua de limón

Para una desintoxicación diaria, tome cada mañana un vaso grande de agua de limón (caliente o fría) mezclada con un poquito de miel, a poder ser de producción local. Primero, para cargar los limones y darle las gracias al sol, realice este ritual:

MATERIALES

1 limón de cultivo ecológico, lavado y cortado por la mitad

1 cuchillo

1 vaso (250 ml) de agua de manantial

1 cazo

1-2 cucharaditas de miel (a poder ser de producción local)

RITUAL

Empiece por darle las gracias al sol; salga al exterior para ver como sale. Cuando se haga visible, sostenga medio limón en cada mano, alce los brazos por encima de la cabeza unos minutos y diga:

«Sol magnífico, te lo pido, bendice este fruto, para el restablecimiento y la renovación».

A continuación, entre en casa y prepare la limonada. Empiece a cortar en rodajas las dos mitades del limón. Ponga el agua y las rodajas en un cazo y llévelo a ebullición. Añada la miel y después de unos minutos cuele el líquido en una taza. Puede guardar la limonada hasta tres días en el frigorífico, así que cada vez que sienta que necesita un empujoncito, ¡tome unos sorbos!

Limpieza y purificación mágica con limón

Las paredes de una casa tienen fama de absorber las emociones, así que si alguien ha estado enfermo o han habido peleas, la casa puede tomar un cariz negativo. Una forma de mantener las buenas energías es usar limón en su limpieza diaria. Sus propiedades mágicas disolverán las malas vibraciones casi al instante y purificarán su hogar. La mayoría de las brujas son ecologistas y les encanta preparar sus propios productos de limpieza. Salen más baratos y de este modo contribuyen a salvaguardar el planeta. A continuación, y en las páginas 142-143, encontrará unas sencillas recetas de diversos limpiadores de limón para diferentes partes de la casa, así como una receta para un limpiador mágico al limón multiuso. Potencie las buenas vibraciones mágicas preparando primero los limones con la bendición de la página siguiente.

LIMPIEZA MÁGICA DE SU MICROONDAS: con un exprimidor manual, exprima dos mitades de limón en un bol y deje la piel encima. Agregue 250 ml de agua y ponga el bol en el microondas a la máxima potencia de tres a cinco minutos. Espere cinco minutos para abrir la puerta del microondas, retire el bol y limpie el interior del microondas con un paño húmedo limpio.

ELIMINAR LA CAL DEL HERVIDOR: exprima el zumo de un limón en el hervidor vacío y añada 500 ml de agua. Hierva el agua y déjela reposar hasta que se enfríe. Ahora, el interior del hervidor estará libre de cal.

LIMPIAR VENTANAS Y VIDRIOS: ponga tres cucharadas de zumo de limón en un aerosol, añada 500 ml de agua y agite bien. Rocíe los cristales de las ventanas o espejos y limpie con un paño seco y limpio o con papel de cocina.

LIMPIAR EL INODORO: corte un limón por la mitad y frote la superficie cortada con un poco de sal gruesa. Frote la taza del váter con el limón, también debajo del reborde. Tire de la cadena y admire el resultado.

ELIMINAR LOS RESIDUOS DE JABÓN: debido a la acidez del limón, los residuos de jabón no se le pueden resistir. Vierta un poco de zumo de limón en un aerosol, rocíe la bañera o el fregadero y simplemente elimine los residuos con un paño húmedo limpio.

GRIFOS QUE RELUCEN: sus grifos de cromo o de acero inoxidable brillarán como nuevos cortando un limón por la mitad y frotando el grifo con él. Séquelos con un paño de microfibra limpio.

Limpiador mágico multiuso

Es hora de deshacerse de esos aerosoles desinfectantes y optar por una forma más ecológica y mágica de limpiar. El limón es un desinfectante natural y esterilizará todas las superficies, dejando un fresco aroma. (*Nota*: este limpiador no es adecuado para las superficies de granito, mármol u otras piedras naturales; tampoco para el latón.)

MATERIALES

4 limones de cultivo ecológico

1 cuchillo para pelar pequeño

1 frasco con cierre de rosca hermético

Vinagre blanco (suficiente como para cubrir los limones)

1 aerosol de vidrio o cristal

1 colador

Agua de manantial, según se necesite

RITUAL

Lave los limones y pélelos. (Use el zumo de los limones para alguna otra receta de este apartado o para hacer limonada.)

Llene el frasco hasta arriba con la piel del limón. Presione para que quede bien apretada, y deje un trozo de piel grande encima para evitar que los trocitos más pequeños suban a la superficie.

Llene el frasco con vinagre blanco, asegurándose de que la piel quede bien recubierta, y ciérrelo. Deje el frasco en un lugar fresco y oscuro una semana, comprobando diariamente que la piel permanezca cubierta.

Al cabo de una semana, cuele el líquido en un aerosol y termine de llenarlo con agua de manantial. Agite bien y repita este encantamiento:

«Limpio y fresco mi hogar quedará,
bendice este producto, que así sea».

Puede usarlo todos los días para una limpieza mágica de la casa.

Magia con limones

Los limones se pueden incorporar a muchos hechizos, ya que poseen numerosos atributos mágicos. He aquí algunos ejemplos para que los pruebe.

La alegría del limón para combatir la tristeza

Todos nos entristecemos de vez en cuando. Con este ritual recuperará el ánimo y empezará a sentirse más positivo en los próximos días.

MATERIALES

- 1 obsidiana pequeña
- 1 bol lleno de sal común
- 1 bolsita con cierre de cordón
- Unas hebras de azafrán
- La raspadura de 1 limón de cultivo ecológico
- 1 vela amarilla

RITUAL

Antes de empezar, es importante limpiar la obsidiana: déjela en un bol con sal unas cuantas horas. Esto eliminará cualquier energía negativa que la piedra hubiera absorbido. Ponga en el interior de la bolsita el azafrán, la obsidiana y la raspadura de limón. Encienda la vela amarilla cerca de la bolsita y repita tres veces el siguiente encantamiento:

«El decaimiento y la depresión desaparecen, sustituidos por alegría y días felices. Mi ánimo se levanta, mi mente se aclara. Todo pensamiento negativo desaparece».

Después de recitarlo tres veces, finalice con las palabras. *«Que así sea».* Espere a que la vela se consuma del todo (sin dejar de vigilarla).

En las próximas semanas, asegúrese de tener su bolsita mágica cerca. Déjela al lado de la cama por la noche y llévela en el bolso cuando salga para ir a la escuela o al trabajo. Si el hechizo es para otra persona, escriba su nombre en un papel y póngalo en la bolsita junto con el resto de los ingredientes. Entréguele la bolsita y dígale que debe tenerla siempre cerca.

Limpie con limón y salvia

Si desea limpiar y bendecir su hogar, una forma mágica de hacerlo es con un atado de salvia blanca para sahumar.

Para un sahumerio general de la casa, siga las instrucciones del ritual de las páginas 122-123, «Hechizo con salvia para ahuyentar los fantasmas de casa». Asegúrese de sahumar todas las habitaciones y rincones. Una vez sahumada la casa, coja un aerosol de plástico con zumo de limón puro y rocíe un poquito en las cuatro esquinas de cada habitación. Su hogar estará ahora purificado, bendecido y limpio de energías negativas. A las arañas no les entusiasma el limón, por lo que este tipo de limpieza alejará a estos animalitos.

Tratar con individuos malhumorados

Si alguien de su familia está siempre malhumorado o irritado, podría sentirse así porque está rodeado de energías negativas. Los limones son asombrosos para eliminar esos sentimientos dañinos; la persona se sentirá más optimista y llena de vigor.

MATERIALES

3 limones de cultivo ecológico

1 cuchillo de sierra

1 platito

120 ml de azúcar

1 bol mediano

RITUAL

Los limones no solo funcionan muy bien con el sol, sino también con la luna. La noche anterior de lanzar un hechizo, pique los limones en trocitos con el cuchillo de sierra (dejando la piel) y póngalos en un platito. Lleve este al exterior y déjelo toda la noche en el porche o la entrada de casa, a la luz de la luna; lo ideal es hacerlo durante la fase de luna menguante. (Si vive en un piso, déjelo en el alféizar de una ventana, bajo los rayos lunares.)

A la noche siguiente, esparza el azúcar en un bol de tamaño medio y ponga los trocitos de limón encima. Lleve el bol al dormitorio de la persona y déjelo en la mesilla de noche o en una mesa cercana, o, incluso mejor, debajo de la cama. Durante las noches siguientes, el limón irá absorbiendo toda la negatividad y hará aflorar un estado de ánimo positivo.

Protección contra un jefe acosador

Todos sabemos que una bruja no debería influir en la mente de los demás con su magia, pero si su objetivo es mejorar su estado de ánimo, o hacer que se sienta más feliz y contento, eso sí está permitido. Por desgracia, en el ámbito laboral podemos encontrarnos con jefes que nos hagan la vida imposible. Si le gusta su trabajo, pero no su jefe, este es un hechizo para disipar su mal humor y dejarle más calmado.

MATERIALES

2 limones de cultivo ecológico
1 cuchillo de sierra
1 frasco con tapa hermética
1 puñado de bayas de enebro
1 cucharada de azúcar
1 trocito de papel y bolígrafo
Agua de manantial, según precise
1 candelita blanca

RITUAL

Deje los limones fuera de casa dos días y dos noches para que se empapen de la luz del sol y absorban los potentes rayos lunares. (Si vive en un piso, déjelos en el alféizar de una ventana; la mejor fase es la de luna nueva.)

Lleve los limones al interior y córtelos en rodajas. Ponga las rodajas de limón en el frasco, con un puñado de bayas de enebro y el azúcar. Escriba el nombre de su jefe en el papel e introdúzcalo en el frasco. Llene el recipiente con agua de manantial para cubrir las rodajas de limón. Encienda la vela al lado del frasco. Repita tres veces este encantamiento:

«Ya no me atormentarás más.
Tus palabras son todo lo amables y dulces que pueden ser.
Tu mal humor que todos conocemos bien
cambiará ahora con los limones de este hechizo».

Cuando lo haya repetido tres veces, finalice con las palabras *«Que así sea».*
Una vez haya ardido la vela (no la deje sin vigilancia), tape el frasco y agítelo bien.
Todos los días, antes de ir al trabajo, agite de nuevo el frasco y déjelo destapado
hasta que vuelva a casa.

EL PEPINO

El pepino es probablemente uno de los alimentos más útiles y nutritivos de
la despensa de una bruja. Está repleto de nutrientes —como vitamina K y
B, minerales como potasio y magnesio, y antioxidantes— y además posee
toda una serie de efectos benéficos para la salud. Estos son
solo algunos: hidrata, es bueno para la flora intestinal,
ayuda a reducir el colesterol y, según algunos estudios,
controla el nivel de azúcar en sangre. Es recomendable
incluir el pepino en su dieta cotidiana, aunque solo sean
unas rodajas en un sándwich o poner unos trocitos en
un bol para ir picando durante el día. En la página
siguiente encontrará una receta para el agua de pepino.
Si quiere que su piel tenga un aspecto magnífico, prepare
también sus propios productos de belleza. Son fáciles
y rápidos de hacer, y mucho más baratos que los que
compra en la tienda.

Agua de pepino cósmica

Existen muchísimas recetas para esta bebida, pero después de probar muchas de ellas, creemos que esta es la mejor.

Para 4 vasos

Ingredientes

2 pepinos enteros de cultivo ecológico, lavados

1 litro de agua de manantial

2 limas

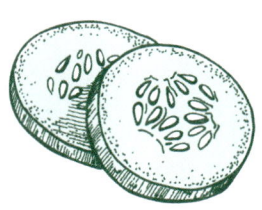

RITUAL

Recorte los extremos de un pepino, corte unas seis rebanadas finas y resérvelas.

Pele el otro pepino y córtelo en trocitos.

Ponga el pepino picado y el agua de mineral en una batidora y bata tres minutos. Debería quedar fino, sin grumos. Cuele la mezcla en una jarra de vidrio. Quedará una pulpa en el colador parecida a la salsa de manzana. (Reserve la pulpa para preparar una mascarilla facial; *véanse* págs. 150-151.)

Exprima el zumo de las dos limas en el agua de pepino y remueva. Por último, añada las rodajas reservadas como decoración.

Puede guardar la jarra con el agua en el frigorífico dos o tres días. Pruebe a tomar un vaso cada día y, antes de beberlo, repita este breve mantra tres veces para potenciar el agua de pepino:

«Esta agua mágica está bendecida con todo lo que es puro».

Mascarilla mágica

Una mascarilla facial repleta de antioxidantes y vitaminas; es fantástica para hidratar la piel, algo muy agradable en verano, cuando la piel se reseca. Actúa también como agente refrescante y posee propiedades tensoras, antienvejecimiento y reductoras de arrugas; asimismo, reduce la hinchazón y atenúa las ojeras.

Este encantador ritual «para dentro y fuera» revitalizará y limpiará su cuerpo y le hará sentir contento y relajado.

MATERIALES

1 vaso de agua de pepino y la pulpa reservada de la receta «Agua de pepino cósmica» (*véase* pág. 149)

2 cucharadas de gel de aloe vera

1 tarro pequeño

1 pincel de maquillaje limpio

1 vela con aroma de lavanda

2-4 rodajas finas de pepino

RITUAL

Beba el agua de pepino y, a continuación, mezcle en el tarro la pulpa reservada con 2 cucharadas de gel de aloe vera.

Con un pincel de maquillaje limpio, aplique la mezcla sobre el rostro. Encienda una vela con olor a lavanda en su mesilla de noche o cerca de la cama, ponga un poco de música relajante, si le apetece, y túmbese en la cama. Ponga unas rodajitas de pepino sobre los ojos.

Durante este rato de tranquilidad, relájese concentrándose en cada parte del cuerpo. Procure que la lengua no toque el paladar, asegúrese de que no haya tensión en la zona de los hombros. Suelte toda la tensión. Imagínese que todas las impurezas salen de su cuerpo y visualícese rodeado por una luz verde pálido. A continuación, dirija su atención a la cara e imagine las propiedades del pepino surtiendo su efecto mágico y penetrando en cada poro de su piel. Repita en voz alta este encantamiento:

«La belleza es bendecida por dentro y por fuera,
sanando mi cuerpo, limpiando mi piel.
Que así sea».

Después, permanezca en la cama unos 20 minutos. Cuando se levante apague la vela, enjuáguese la cara con agua y séquela con golpecitos suaves. Sentirá la piel renovada y revitalizada, y su estado de ánimo será sereno y tranquilo.

Tónico protector de agua de pepino ecológico y rosa

Este tónico le ayudará a eliminar las ojeras y a reducir la hinchazón de la zona de los ojos. Sirve también para cerrar los poros y suavizar las arrugas, por lo que es un producto que no debe faltar en su rutina de belleza diaria. El agua de rosas contiene numerosos antioxidantes y mantiene el equilibrio del pH de la piel. Otro efecto beneficioso es que reduce las manchas rojizas de la cara. Desde un punto de vista mágico, se cree que el agua de rosas potencia la intuición femenina y actúa como poción protectora, por lo que con este tónico no solo le está dando a su piel el mejor tratamiento posible, sino que también se está protegiendo.

MATERIALES

½ pepino de cultivo ecológico

1 filtro de cafetera, un retal de muselina limpia o un colador

1 batidora

3 cucharadas de agua de manantial, más 120 ml

2 boles de vidrio pequeños

1 cacito

1 cucharada de pétalos de rosa secos

1 embudo pequeño

1 dispensador de plástico pequeño

RITUAL

Pique el pepino en trocitos, sin pelar, y páselo a la batidora. Añada 3 cucharadas de agua de manantial. Bata un minuto o dos y, a continuación, cuele el líquido con el filtro, la tela de muselina o el colador (lo que mejor le vaya), sobre uno de los boles de vidrio. Al terminar, el líquido debería ser de un tono verde brillante y no tener ningún grumo. Resérvelo.

Hierva los 120 ml de agua de manantial en el cazo pequeño y añada los pétalos de rosa secos. Déjelos en remojo dos o tres horas. Cuanto más concentrada sea el agua de rosas mejor, por lo que puede incluso dejarlo reposar toda la noche.

Una vez el agua de rosas esté fría del todo, cuélela sobre el segundo bol, asegurándose de que no caiga ningún pétalo. Con el embudo pase el agua de rosas al dispensador de plástico hasta que esté medio lleno. Luego, añada el agua de pepino hasta llenar el dispensador. Tápelo y agítelo bien.

Ponga un poco de tónico en un algodón y aplíqueselo en la cara.

Repita en voz alta este encantamiento:

«Piel resplandeciente, por dentro y por fuera.
La magia empieza ahora».

Guarde la botella en el frigorífico u otro lugar fresco; se conservará hasta tres días.

La magia del pepino: consejos de belleza y salud

Antes de usar el pepino para fines mágicos, asegúrese siempre de limpiarlo y bendecirlo de antemano. Lávelo con agua de manantial y séquelo con un paño limpio. Sosteniéndolo en ambas manos, repita este hechizo de bendición en voz alta: «Vino de la tierra y prosperó. Este fruto contiene en su interior un poderoso hechizo». Estas son algunas formas de incorporar el pepino a su rutina de salud y belleza:

- **Para aliviar las cejas después de depilarlas con pinzas o cera**, corte dos rodajitas finas de pepino y aplíquelas sobre las cejas para reducir la rojez o la hinchazón.

- **Contra la caspa:** pele un pepino entero y rállelo sobre un cuenco. Añada 1 cucharada de sal y 1 huevo. Mézclelo todo bien y masajee el cuero cabelludo con la mezcla, dejándola una hora. Enjuáguese con agua limpia.

- **Para los labios secos y cuarteados**, corte un trocito fino de pepino longitudinalmente y espolvoréelo con un poco de azúcar. Déjelo sobre los labios cinco minutos.

- **Para aliviar una quemadura solar leve**, pele un pepino entero y píquelo en trocitos. Páselos a una batidora y añada 1 cucharada de gel de aloe vera y 120 ml de agua. Bata la mezcla hasta obtener un líquido claro de color verde. Cuélelo en un aerosol de plástico. Rocíe el líquido sobre la piel y frote la zona afectada con las manos.

- **Para aliviar el dolor de cabeza de una resaca**, coma unas rodajas de pepino antes de acostarse.

- **Para eliminar el mal aliento**, ponga una rodaja de pepino contra el paladar. Las propiedades del pepino eliminarán las bacterias que lo causan.

Hechizo para acabar con el estrés

Muchas personas creen que solo el aroma de un pepino ya es capaz de aliviar el estrés y la tensión, así que si algo le preocupa, o algo le está volviendo loco, pruebe con este hechizo.

MATERIALES

1 pepino de cultivo ecológico

1 cuchillo

1 cazo

Agua de manantial, según precise

1 vela violeta

1 colador

1 taza

RITUAL

Corte el pepino en rodajitas finas. Póngalas en el cazo y vierta el agua suficiente para cubrirlas. Llévelo a ebullición.

Encienda una vela violeta cerca del fogón, pero a una distancia segura, y déjela arder mientras hierve el tónico. Al cabo de unos minutos, dejando la vela encendida (pero no sin vigilancia), apague el fuego y deje enfriar la mezcla. Una vez frío, cuele el líquido en la taza. Repita este encantamiento siete veces:

«Este tónico está encantado, estoy armado.
Sereno y fuerte, mi estrés se ha alejado».

Una vez finalizado el hechizo, séllelo con las palabras *«Que así sea»*. Bébase el contenido entero de la taza y apague la vela. Su estado de ánimo se habrá serenado.

Hechizo para la fertilidad

Este hechizo de fertilidad se realiza en dos fases. Para la primera, retire en un día de luna llena las semillas de un pepino y déjelas secar sobre papel de cocina unos días, o hasta que no queden restos de humedad. Una vez secas las semillas, en la primera noche de luna nueva lleve a cabo la segunda parte del hechizo del modo siguiente.

MATERIALES

1 pentagrama (puede ser un pentagrama físico o una imagen)

2 velas rojas pequeñas

1 vela blanca de altar grande

Las semillas de pepino secas en un bol pequeño

(Lea la nota inferior para materiales adicionales si realiza el hechizo para otra persona)

RITUAL

Ponga el pentagrama en el centro de su altar. Coloque las velas rojas a ambos lados del pentagrama y la vela blanca en la parte trasera central. Ponga las semillas de pepino en la parte delantera.

*__NOTA__: si realiza este hechizo para otra persona, es imprescindible colocar una fotografía suya o un mechón de pelo sobre el pentagrama.

Encienda las velas y observe fijamente la llama cinco minutos, imaginándose (a usted o a la mujer que desea quedarse embarazada) que sostiene a un niño en brazos. Repita con intención este encantamiento, trece veces:

«La luna nueva brilla, en esta noche mágica.
Escucha mi súplica y ayúdame ahora.
Este útero vacío pronto se llenará con un niño alegre,
dulce y tranquilo».

Cuando acabe, finalice diciendo: *«Que así sea»*. Déjelo todo tal como está en el altar hasta que las velas se apaguen (no las deje sin vigilancia). Usted (o la persona para quien realiza el hechizo) debería comer algunas de las semillas de pepino antes de hacer el amor.

Ritual de protección para cuando esté fuera de casa

Coja un par de zapatos de cada una de las personas que vivan en la casa (y que usen habitualmente) y alinéelos sobre una superficie de trabajo. Encienda una candelita blanca detrás de cada par de zapatos. Corte un pepino por la mitad. Frote con la parte cortada del pepino las suelas de los zapatos. Mientras lo hace, recite el siguiente encantamiento una y otra vez hasta que haya terminado:

«Cuando estés fuera y lejos de casa,
yo te protegeré mientras tú caminas».

Cuando termine de frotar las suelas de los zapatos, cierre el hechizo diciendo: *«Que así sea»*. Cuando usted y sus seres queridos estén fuera de casa, la magia del hechizo les protegerá de todo peligro.

EL AJO

Este es un alimento básico que debería tener siempre en su despensa. A las brujas amantes de la jardinería les gustará saber que el ajo es fácil de cultivar, ya sea en el jardín o plantando ajos silvestres en los arriates. Plante en otoño un bulbo con la parte puntiaguda hacia arriba y los podrá recolectar en junio o julio. No solo tiene un sabor estupendo y acompaña muy bien a sus recetas, sino que aparece en numerosas leyendas. El ajo forma parte de la sanación y la magia desde tiempos antiguos. Nuestros antepasados lo usaban para protegerse contra las enfermedades e incluso se consideraba un elemento disuasorio contra la peste bubónica. Una tradición consistía en frotar con ajo los cuernos del ganado para que estuvieran sanos y salvos. Algunas brujas hacen ofrendas de ajo a la diosa griega Hécate —se dice que le gustaba— dejando un diente de ajo en una encrucijada en su honor. Es relativamente común ver una ristra de ajos colgada de la cocina de una bruja.

El ajo es rico en antiodixantes, vitaminas y minerales. Posee propiedades antimicrobianas y ayuda al cuerpo a luchar contra muchos tipos de infección; se cree que los componentes antioxidantes del ajo aminoran el proceso de envejecimiento. Para quienes sufren de artritis, la alicina y la triacremonona que contiene el ajo actúan como antiinflamatorios, reduciendo el dolor y la rigidez.

Si a usted (¡o a su pareja!) no le importa el olor, beber agua de ajo le ayudará a aprovechar sus saludables cualidades. Hierva 250 ml de agua y resérvela hasta que esté tibia. Añada tres dientes de ajo pelados y déjelos en remojo 20 minutos. Retire el ajo y beba el agua. (*Nota*: no ingiera ajo en grandes cantidades si es propenso a las hemorragias o toma anticoagulantes, si tiene diabetes, síndrome de colon irritable o reflujo ácido, si está amamantando o si tiene una intervención quirúrgica a menos de dos semanas vista.)

Pesticida natural

Recuerde, incluso los bichos más molestos tienen derecho a llevar una vida segura y tranquila. Claro que saber esto no ayuda cuando pone todo su cariño en cultivar sus brécoles y coles, y después los encuentra medio comidos una vez empiezan a crecer. Si quiere evitar que los bichos se coman sus verduras o acaben con sus flores, no vaya a la tienda a comprar pesticidas. Pueden ser tóxicos y perjudiciales para el medio ambiente, y si cultiva plantas comestibles, tampoco resulta muy saludable. ¿Por qué no prueba con la forma brujeril y prepara su propio insecticida de ajo?

Hierva 250 ml de agua y apague el fuego. Añada tres o cuatro dientes de ajo machacados y déjelos en remojo 30 minutos. Cuele la mezcla para eliminar el ajo. Observe el líquido y repita este encantamiento siete veces:

> *«Bichos, por favor, marchaos de aquí, encontrad otra planta, si os es posible».*

Cuando el líquido se haya enfriado, llene hasta la mitad una botella de aerosol con agua de manantial y acabe de llenarla con el agua de ajo que acaba de preparar. Para terminar, añada una gotita de jabón líquido y agite. Una o dos veces por semana, agite y rocíe el producto directamente sobre las plantas y alrededor de la zona que quiera mantener libre de animalitos. Es un bonito detalle plantar algo solo para los insectos, libre de pesticidas, para ayudar a mantener el equilibrio y la armonía naturales.

Repelente de mosquitos natural

Una forma natural de mantener alejados a los mosquitos es preparar un repelente de ajo. Más de unas vacaciones de ensueño se han visto arruinadas por las picaduras de los mosquitos. Duelen y escuecen y, dependiendo de la parte del mundo en que se encuentre, pueden transmitir enfermedades. Coja tres cabezas de ajo (sin pelar) y presione con la parte plana de la hoja de un cuchillo grande sobre los dientes para que suelten el jugo. Métalos en 700 ml de agua hirviendo y déjelos a fuego lento unos 30 minutos. Retire el líquido del fuego y machaque los ajos con un prensador de patatas para que suelten más jugo. Ponga la mezcla al fuego cinco minutos más y después cuele el agua en una jarra de vidrio. Déjelo enfriar. Vierta el líquido en un aerosol de plástico y añada diez gotas de aceite de lavanda o de árbol del té. Esto no solo ayuda a disimular el olor del ajo, sino que desagrada mucho a los mosquitos. Agite bien. Rocíe el producto sobre su ropa o el cuerpo directamente. (*Nota:* antes de aplicarlo sobre la piel, realice primero un test de parche durante 24 horas.) ¡Se sorprenderá de lo bien que funciona!

Aceite de ajo para untar

No solo el aceite de ajo es maravilloso para cocinar, sino también para untar las velas cuando realiza algún tipo de hechizo de destierro. ¡También es fabuloso para algunos tratamientos de belleza! El aceite de ajo es un ingrediente obligatorio para todas las brujas y es muy simple de preparar. Separe los dientes de una cabeza de ajo entera, presionando con la parte plana de la hoja de un cuchillo grande para separarlos. Pele los dientes y córtelos por la mitad longitudinalmente. Caliente 4 cucharadas de aceite de oliva en una sartén y añada el ajo. Fríalo a fuego lento hasta que se dore. Retire el ajo y deje enfriar el aceite. Páselo a una botellita de cristal, pique el ajo frito y añádalo a la botella. Antes de taparla, repita tres veces este mantra:

«Cargado de bendiciones, dotado de poder,
impregnado de magia, hora tras hora».

Guarde la botella en un lugar fresco. Solo se conserva tres o cuatro semanas, así que tendrá que usarlo en poco tiempo.

Más consejos mágicos sobre el ajo

El ajo es una hortaliza muy potente, incluso antes de cualquier trabajo mágico, pero siempre es aconsejable cargarlo antes de usarlo. Sosténgalo en la mano y repita estas palabras: *«Percibo tu poder, tres veces te recargo, sé audaz con tu magia, que así sea».*

Estas son algunas formas en las que puede usar el ajo para rituales de sanación, de belleza y para el hogar:

- Para aliviar la congestión, pique unos dientes de ajo y póngalos en un frasco pequeño. Cúbralos con miel y reserve veinticuatro horas. Tome 1 cucharadita cada pocas horas o hasta que la congestión desaparezca (*véase* la nota de la pág. 160 sobre precauciones).

- Para unas uñas sanas, frote las uñas amarillentas con un poquito de aceite de ajo por la mañana y por la noche durante unas semanas. El tono amarillento desaparecerá.

- Para un desinfectante natural de uso doméstico, pique tres o cuatro dientes de ajo y póngalos en un aerosol. Llénelo con 500 ml de agua. Añada cualquier tipo de aceite esencial de cítricos para que huela bien.

- Protéjase contra el mal de ojo llevando un diente de ajo en el bolsillo durante el día.

- Pase un diente de ajo pelado por la hoja de su athame para potenciar su magia.

Proteja su hogar de los malos espíritus

Si cree que su casa está encantada o simplemente desea protegerla de los espíritus malévolos, este hechizo mantendrá el mal alejado y purificará las energías de su hogar.

MATERIALES

7 candelitas blancas

1 cabeza de ajo entera

1 diente de ajo pelado

RITUAL

Forme un círculo en el altar con las candelitas y enciéndalas. Coloque la cabeza y el diente de ajo en el centro. Repita este encantamiento trece veces:

> *«Levanto un escudo alrededor de esta casa.*
> *Ningún espíritu maligno rondará por aquí».*

Cuando termine, cierre el ritual con las palabras: *«Que así sea».*

Cuando las velas se hayan consumido (no las deje sin vigilancia), coja el diente de ajo y frote con él el marco de la puerta de cada punto de entrada a la casa. Luego, cuelgue la cabeza de ajo entera en algún lugar cercano a la puerta de entrada. Podría atar un cordel o hilo en la punta para sujetarlo. Repita este hechizo dos veces al año para garantizar que la casa sigue libre de espíritus.

(**NOTA:** siguiendo este mismo método, puede evitar que los ladrones entren en casa. Solo cambie las palabras a: «Ningún pie malvado se cruzará en mi camino, yo te expulso con todas mis fuerzas».)

Revertir una maldición

Si le han lanzado una maldición, o aunque solo sea una sospecha, tiene que actuar con rapidez. Las maldiciones pueden causar un montón de problemas y atraer una racha de mala suerte hacia usted y las personas de su entorno.

MATERIALES

1 espejo pequeño

1 diente de ajo

1 vela blanca para hechizos y un candelero

RITUAL

Encuentre un espejo pequeño —puede ser uno de mano o el de la polvera—, pero asegúrese de no volver a utilizarlo. Machaque en el mortero un diente de ajo y frote el marco del espejo con la pulpa. Deje el espejo sobre una superficie plana, con el lado reflectante hacia arriba. Ponga la vela en el candelero, colóquela sobre el espejo y enciéndala. Repita este encantamiento siete veces:

«El mal de ojo yo reflejo, mi cuerpo,
mi familia, yo protejo.
Que la maldición regrese al lugar de donde vino,
y que jamás vuelva por aquí».

Cuando termine, cierre el ritual con las palabras: *«Que así sea».*

Deje caer un poco de cera de la vela sobre el espejo y espere a que arda del todo (no la deje sin vigilancia). Ponga el espejo mirando hacia fuera en alguna ventana de la casa y la maldición se romperá.

Para alejar la atención no deseada

El uso del ajo para librarse de una atención no deseada es una práctica de hace siglos. Si tiene un ex que no logra quitarse de encima, o incluso un admirador no deseado, este hechizo le distraerá, dejándole a usted libre para vivir en paz.

MATERIALES

Varios dientes de ajo

1 recipiente ignífugo pequeño

1 encendedor alargado

1 trozo de papel y bolígrafo

1 colgante con guardapelo o una caja
de cerillas vacía

RITUAL

Durante la fase de luna menguante, retire la piel de los dientes de ajo y póngala en un recipiente ignífugo. Es mejor hacerlo en el fregadero de la cocina, por el riesgo de que se prenda fuego. Con un encendedor alargado encienda la piel de los ajos y deje que ardan hasta que solo queden cenizas. Puede tardar unos minutos, porque no arden fácilmente.

A continuación, escriba el nombre de la persona que quiere alejar, seguido de las palabras «con toda mi buena intención». Quémelo en el recipiente. Cuando las cenizas del papel se hayan enfriado, mézclelas con las de la piel del ajo y pase toda la ceniza que pueda al guardapelo. Llévelo como colgante unas semanas. Para quienes no suelan llevar adornos, ponga las cenizas en una caja de cerillas. Es importante llevarlas encima, así que póngase la cajita en el bolsillo.

LA CEBOLLA

La mayoría de las personas añaden cebollas a su lista de la compra semanal por su multitud de usos culinarios. Pero la cebolla también contiene montones de antioxidantes que resultan extremadamente eficaces para contrarrestar los radicales libres del cuerpo; tiene un alto contenido en vitamina C y refuerza el sistema inmunitario. Son excelentes para la salud del corazón y para diluir la sangre. (*Nota*: si toma anticoagulantes, tiene algún problema de coágulos, o tiene prevista una intervención quirúrgica, debería evitar la cebolla o consultar con su médico antes de tomarla.) Las cebollas son incluso un maravilloso repelente de insectos natural.

La humilde cebolla aparece en el saber popular desde hace milenios. Los antiguos egipcios las enterraban con sus faraones para mantener alejados a los malos espíritus, y los romanos creían que lo curaban todo, desde un dolor de muelas hasta el insomnio (unas rodajas de cebolla cruda en un bocadillo o ensalada todos los días se dice que facilitan el sueño). Según el folclore inglés, las cebollas se cortaban por la mitad y se dejaban así en casa para que «absorbieran» los gérmenes.

Dada su prolongada asociación con la magia, no sorprende que la cebolla sea un ingrediente habitual de numerosos hechizos. Probablemente los más comunes son los que se usan en la magia de amor, por lo general para reavivar una relación o recuperar un amor perdido. Resulta desgarrador cuando una pareja se va, especialmente si usted no quiere que la relación termine, pero todo pasa por algo en esta vida. Shawn y

yo tendemos a evitar los hechizos para recuperar amores perdidos, porque no resulta ético influir mágicamente sobre la mente de otra persona. Sería mejor realizar un ritual para aliviar sus emociones y seguir adelante.

En las siguientes páginas encontrará hechizos para la salud, para una relación longeva y para aliviar los factores causantes de la tensión. (*Nota:* no ingiera cebolla en grandes cantidades si es propenso a las hemorragias o toma anticoagulantes, si tiene diabetes, síndrome de colon irritable o reflujo ácido o si tiene una intervención quirúrgica a menos de dos semanas vista.)

Dos elixires para aliviar el resfriado

Estos antiguos remedios aliviarán la tos o el dolor de garganta si alguien de su familia está resfriado.

Receta 1: Jarabe de cebolla

Para 1 frasco de tamaño mediano

Ingredientes

> 1 cebolla pelada
>
> 6-12 cucharadas de azúcar

Corte la cebolla en rodajas. Ponga una capa de cebolla en un frasco de tamaño mediano con tapón de rosca. (Asegúrese de que las rodajas encajan bien, si no, recórtelas un poco, dependiendo del tamaño.) Cubra la capa de cebolla con 1 cucharada de azúcar. Repita el proceso con el resto de las rodajas. Tape el frasco y déjelo reposar seis horas. Repita este encantamiento en voz alta:

*«Esta tinturá aliviará
y el resfriado curará.
La enfermedad se marchará
y ya no existirá».*

Cuando abra el frasco, se habrá formado una tintura. Cuele el líquido y dele una cucharada al paciente. Guarde el jarabe en el frigorífico dos o tres días.

Receta 2: Té de cebolla con leche

Es un producto excelente para aliviar una garganta irritada.

Para 1 taza

Ingredientes

> 1 cebolla pelada
>
> 1 taza de leche (250 ml)
>
> 1 cucharada de miel (a poder ser, de producción local)

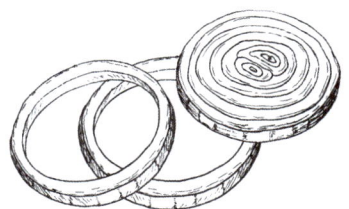

Corte la cebolla en rodajas y póngala en un cazo.

Añada la leche y déjelo a fuego lento unos diez minutos o hasta que la cebolla se haya ablandado.

Todavía caliente, cuele el líquido en una taza y añada la miel.

Déjelo enfriar un poco y tómelo a sorbitos.

Para que una relación perdure

Este es un hechizo para las parejas que llevan tiempo juntas. Garantizará que su relación sea duradera, feliz y sana.

MATERIALES

1 cebolla

1 vela verde para hechizos

RITUAL

En una noche de luna creciente, prepare su altar y coloque la cebolla encima. Ponga la vela cerca y enciéndala. Repita este encantamiento siete veces:

«Enterradas en la tierra,
estas raíces crecerán.
En los años venideros,
nuestro amor perdurará».

Una vez finalice, cierre el ritual con las palabras *«Que así sea»*.

Deje arder la vela. Excave un agujero en el jardín y entierre la cebolla con las raíces hacia abajo; cúbrala de tierra. Si no tiene jardín, llene una maceta de tierra y entierre la cebolla del mismo modo; déjela fuera de casa, en el patio o junto a la puerta de entrada. Cuando en los meses siguientes empiece a germinar, su relación se fortalecerá.

Para revelar la verdad

Si sospecha que alguien no le está contando la verdad, puede sentirse frustrado e infeliz. Este hechizo lo revelará todo, pero puede tardar alrededor de un mes en surtir efecto.

MATERIALES

1 vela azul claro

1 cebolla

1 cuchillo pequeño

1 alfiler largo

RITUAL

En una fase de luna nueva, encienda la vela en la cocina. Corte el extremo superior de la cebolla. Piense en la persona que le está ocultando algo. Véala mentalmente y visualícela diciéndole la verdad. Clave el alfiler en la parte superior de la cebolla, húndalo del todo y repita este encantamiento:

«Mientras voy pelando, la verdad se va revelando».

Pele la primera capa de la cebolla y recite las mismas palabras. Repita hasta que solo quede un trocito muy pequeño de cebolla y el alfiler. Guarde las capas exteriores de la cebolla y cocine algo con ellas. Sirva el plato a quien esté ocultando el secreto y entierre el trocito con el alfiler que ha quedado. La verdad acabará revelándose.

Olvídese de sus problemas de dinero

No tener suficiente dinero para vivir es terrible. Esto puede producir insomnio, tristeza, desespero y depresión. No solo este hechizo hará que deje de preocuparse por su economía, sino que posiblemente hará que le llegue algún dinero. (*Nota*: para este hechizo debe quemar la piel de la cebolla, y es muy importante que lo haga de forma segura. Si tiene una estufa de leña o una chimenea, úselas para este fin, pero si no fuera así, utilice un recipiente ignífugo. Asegúrese de tener agua abundante a mano.)

MATERIALES

1 cebolla

1 vela verde

1 vela amarilla

1 recipiente ignífugo

1 encendedor

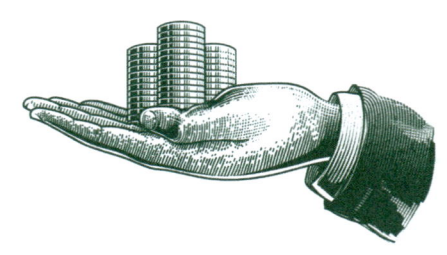

RITUAL

En un miércoles de luna menguante, retire la piel de la cebolla y resérvela. Encienda las velas. Sostenga la cebolla en las manos y repita este encantamiento.

«Por muchas deudas que tenga,
ya no me preocuparé más.
Un montón de dinero viene hacia mí
para día mejor y más luminoso. Que así sea».

Tire la piel de cebolla al fuego o quémela en el recipiente ignífugo. Deje que las velas se consuman del todo (no se olvide de vigilarlas). Prepare una comida con la cebolla y consúmala ese mismo día.

Más consejos mágicos sobre la cebolla

Como ocurre con todas las cosas mágicas, antes de usar la cebolla debe limpiarla y bendecirla. Tome una cebolla sin pelar y sosténgala contra el chakra del tercer ojo unos treinta segundos. Visualice un rayo de luz potente que sale de su tercer ojo hacia la cebolla. Mentalmente, dígale a la cebolla que la está llenando de energía sanadora y que ahora está lista para trabajar según sus deseos.

Estas son otras formas en las que puede usar cebollas en su trabajo mágico.

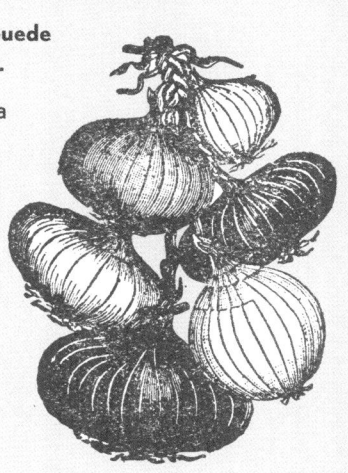

- Ponga unas rodajas de cebolla cruda bajo la esterilla de la puerta de entrada y úselas en hechizos contra visitantes indeseables.

- Cuelgue cebollas en la casa para protegerla de cualquier energía negativa.

- Incorpore cebolla a cualquier hechizo de sanación para potenciarlo.

- Deje una cebolla bajo la almohada para un sueño psíquico sobre su futura pareja.

EL ACEITE DE OLIVA

Los beneficios del aceite de oliva para la salud son bien conocidos. Desde siempre un ingrediente común en la cocina mediterránea, muchos de nosotros estamos sustituyendo la grasa para cocinar por este oro líquido e incorporándolo a nuestra vida cotidiana. Reduce el riesgo de cardiopatías y derrames cerebrales, baja la presión arterial y el colesterol, e incluso ayuda a prevenir ciertos tipos de cáncer. El aceite de oliva se ha usado durante milenios en rituales religiosos y como ingrediente en fórmulas de belleza, desde Grecia y Roma hasta África del Norte y Asia Menor.

Magia para el cuerpo con aceite de oliva

Añadir más aceite de oliva a su dieta le sentará bien al cuerpo, y si lo incluye en su trabajo mágico, influirá positivamente en sus hechizos. (*Nota*: no recomendamos la aplicación directa de aceite de oliva sobre la piel para las personas de piel grasa o propensa al acné.) Potencie el poder mágico inherente en el aceite de oliva cargándolo primero: vierta el aceite en un bol y obsérvelo fijamente, transmitiéndole sus intenciones positivas. Al cabo de unos minutos, diga estas palabras: «Cargo este aceite con todo lo positivo. Todas energía negativa se aleja».

ACEITE DE OLIVA PARA LA PIEL: las brujas no suelen usar las cremas hidratantes que se venden en las tiendas. Son carísimas y sus ingredientes resultan confusos. Un aceite de oliva de buena calidad le dará a su piel todo lo que necesita, incluido un aspecto espléndido.

DESMAQUILLADOR DE OJOS: si quiere tener una piel sana, no se acueste nunca con el maquillaje puesto. Obtura los poros y causa envejecimiento prematuro. La abuela de Leanna le dijo que por cada noche que duermes con el maquillaje puesto, tu piel envejece un día más rápido. Aplique unas gotas de aceite de oliva en un algodón y retírese el maquillaje antes de acostarse.

CREMA DE NOCHE: usar una mezcla de vaselina y aceite de oliva por la noche ayuda a reducir las ojeras y la hinchazón bajo los ojos. En un tarro limpio y hermético mezcle 3 cucharadas de vaselina con 3 cucharadas de aceite de oliva. Asegúrese de que quede bien mezclado. Úntese una pizca bajo los ojos antes de acostarse y se despertará con un aspecto radiante.

ACEITE DE OLIVA PARA UN CABELLO LUSTROSO: para que el cabello crezca más rápido, caliente 120 ml de aceite de oliva con un diente de ajo pelado y machacado. No deje que hierva, solo caliéntelo. Reserve y espere a que se enfríe. A continuación, cuele el ajo hasta que solo quede el aceite. Páselo a una botellita o frasco y guárdelo en un lugar fresco. Una vez lavado el pelo, todavía húmedo, masajéelo con unas cucharadas de aceite de oliva y déjelo reposar de tres a cinco minutos. Enjuáguelo bien. Para la caspa, utilice el mismo método, caliente el aceite y sustituya el ajo por una cucharada de zumo de limón. Esto le dejará el cabello lustroso y sin caspa.

ACABE CON LOS RONQUIDOS: no hay nada peor que intentar dormir al lado de alguien que ronca ruidosamente. Según algunas investigaciones, las propiedades antiinflamatorias del aceite de oliva acaban con ello. Ponga en un vasito unas cucharadas de aceite de oliva y 1 cucharadita de miel y mézclelo bien. Asegúrese de que la persona que ronca tome unos sorbitos de esta tintura antes de dormirse. También alivia la garganta irritada, por lo que es un remedio casero estupendo contra los resfriados.

Más consejos sobre el aceite de oliva

He aquí más propuestas sobre el uso del aceite de oliva en rituales de sanación, belleza y hogar. Antes de todo, asegúrese de cargar mágicamente el aceite, como se indica en la página 174.

- Para el dolor muscular, mezcle ½ cucharadita de pimienta de Cayena con 3 cucharadas de aceite de oliva y masajee la zona afectada. (*Nota:* realice primero una prueba de parche durante 24 horas para asegurarse que no es alérgico a la pimienta de Cayena. No lo use si tiene la piel sensible. Mantenga el producto alejado de los ojos.)

- Mezcle unas gotas de su aceite esencial favorito con una cucharada de aceite de oliva y añada la mezcla a su baño de espuma.

- Para evitar los cortes al afeitarse, masajee las piernas o la cara con un poco de aceite de oliva antes de usar la cuchilla. Conseguirá un afeitado suave.

- Para ayudar a su gato, su compañero mágico, añada unas gotas de aceite de oliva a su comida de vez en cuando. Evita las bolas de pelo y deja su piel suave y brillante.

Aceite mágico de base

Las brujas utilizan aceites de forma habitual en sus hechizos y rituales, y el de oliva es probablemente el más puro y el mejor de todos. Dejar diversas hierbas en infusión en el mismo lo convierte en un eficaz aceite para untar, que puede usar para bendecir sus velas y potenciar un hechizo. Para la infusión de aceite y hierbas tiene que energizar la mezcla dejando reposar las hierbas en el aceite durante al menos veinticuatro horas. Es mejor hacerlo en un cuenco. A continuación, encienda una candelita blanca a una distancia segura del aceite y recite este encantamiento.

«La planta y el aceite se unen en uno solo,
con vibraciones potentes, el líquido está listo».

Deje arder la vela unas horas (vigilándola) y después apáguela. Con un embudo pequeño, pase el aceite a una botellita. Asegúrese de dejar un poco de hierbas en el aceite, ¡así se conservará la magia! Guarde el aceite en un lugar fresco hasta tres meses. Después de este tiempo irá perdiendo potencia, por lo que tendrá que prepararlo de nuevo. Consulte el capítulo 8 para más información sobre la preparación de aceites mágicos.

Hechizo para el restablecimiento

Si usted o un conocido no se encuentra bien —ya sea física o espiritualmente— y necesita un tónico rápido, este ritual de tres días debería mejorar las cosas. Recuerde que cuando lanza un hechizo para otra persona, siempre es mejor pedirle permiso antes.

MATERIALES

1 vela amarilla

1 bol pequeño con agua de lluvia

1 paño limpio o papel de cocina

1 cuchillo

Un mortero y mano de mortero

1 botellita de aceite mágico de base (*véase* pág. 177)

½ cucharadita de flor de manzano seca

1 pizca de lavanda seca

1 candelero

1 fotografía de la persona para la que realiza la
sanación

RITUAL

Para empezar, limpie la vela con el agua de lluvia; déjela gotear sobre el cuenco
unos minutos y luego séquela con el papel o el paño. Con el cuchillo, marque
dos líneas horizontales en la vela que la dividan en tres secciones iguales. En el
mortero, mezcle el aceite con la flor de manzano y la lavanda. Si no encuentra
flor de manzano, sustitúyala por romero.

Primer día

Unte la vela con el aceite mágico de base, aplicando una pizca en el dedo y
pasándolo por la vela. No moje demasiado la vela, use muy poquito aceite. Ponga
la vela en el candelero y déjela en su altar. Ponga la fotografía y la botellita de
aceite mágico de base en el altar y encienda la vela. Repita este encantamiento
siete veces:

«Igual que la llama de esta vela arde hoy, tu malestar empieza a desvanecerse».

Moje el dedo con el aceite de la botellita y presiónelo contra la cara de la persona de la fotografía. Deje que la vela arda (vigilándola) hasta la primera línea horizontal que grabó, y después apáguela.

Segundo día

Repita el mismo proceso del primer día, dejando arder la vela hasta la segunda línea marcada. Unte también la fotografía con una pizca de aceite.

Tercer día

Repita el mismo ritual que el primer y el segundo día, pero esta vez, después de recitar las palabras, cierre el hechizo diciendo: *«Y ahora estás sanado, que así sea»*. Deje que la vela se consuma del todo.

Dele la foto y la botellita de aceite a la persona y dígale que se aplique un poquito de aceite en la frente cada noche (o, si el hechizo es para usted, aplíqueselo en la frente). Debería encontrarse mejor al cabo de pocos días. *Nota:* nunca deje este hechizo a medias, porque el resultado sería decepcionante.

Confíe sus temores a su guía espiritual, dios o diosa

Hay veces en que las preocupaciones nos hacen caer enfermos. Probablemente se habrá dicho, en una de esas ocasiones: «Ojalá tuviera una varita mágica para que las cosas salieran bien». El aceite de oliva se viene usando desde hace siglos como aceite portador para conectar con la divinidad, y cuando establece una conexión directa con las entidades superiores, estas le visitarán y le ayudarán si les es posible. Sea cual sea la deidad que prefiera, puede contactar con ella —o con su guía espiritual o ángel— realizando esta ceremonia.

MATERIALES

1 puñado de sales de baño

1 cucharada de aceite de oliva

5 gotas de aceite esencial de menta

2-3 velas de color crema

RITUAL

En una noche de luna nueva, prepare un baño y eche las sales de baño y el aceite de oliva en el agua. Añada el aceite de menta y remueva. Reparta unas velas de color crema por el cuarto y métase en la bañera. Relájese para empezar su meditación.

Sintiendo el calor del agua en el cuerpo, visualícese bañado en una luz de color lavanda. Concéntrese en la respiración, manteniendo un ritmo estable. Siga relajándose diez minutos más. A continuación, repita trece veces este encantamiento:

«Invoco [a mi guía, mi ángel,
mi dios/diosa; es decisión suya].
Purifícame con tu luz etérea,
comunícate conmigo en esta noche».

Permanezca en el agua hasta que quiera. Una vez se haya secado, apague las velas y acuéstese inmediatamente, desnudo. Estar desnudo dará mejores resultados, porque no tendrá impedimentos físicos que bloqueen la comunicación. Puede seguir con su meditación o hablar telepáticamente con su guía espiritual o poder superior, confiándole todos sus temores y preocupaciones. Pídale ayuda. Dígale qué es lo que quiera que ocurra y pídale que intervenga y que haga desaparecer su preocupación.

Su cuidador espiritual puede conectar con usted de muchas maneras distintas. Podría tener un sueño vívido que tenga que interpretar por la mañana, o bien sentir su presencia cuando empiece a dormirse. Siempre le ayudan si se les permite hacerlo. Si usted tiene que aprender una lección determinada en la vida, tal vez no les dejen interferir pero seguro que le consolarán y aliviarán su estrés. Jamás ignoran sus plegarias.

INGREDIENTES MÁGICOS

Muchos de los alimentos de su cocina contienen propiedades mágicas que se pueden usar para trabajos mágicos, bien dejándolos en el altar durante un hechizo, bien preparando recetas culinarias llenas de magia. La hora de la comida puede ser mucho más que un «simple» tiempo para alimentarse; reflexione sobre lo que consume y aprenda sobre los beneficios ocultos de los ingredientes y lo que podrían simbolizar.

En las páginas 184-193 encontrará una lista de la A a la Z de frutas, verduras y especias, con sus propiedades mágicas. Por supuesto, no hemos detallado todas y cada una de ellas, o el libro se convertiría en una enciclopedia, pero sí hemos incluido algunas de las más comunes para que empiece a pensar de distinta forma en ellas. Casi cualquier alimento se puede incluir en un ritual específico, dependiendo de sus cualidades mágicas.

Y tomar alimentos que se han potenciado mágicamente reforzará todavía más el hechizo. Una vez sepa qué alimentos se asocian con el hechizo o la situación en la que trabaja, puede combinarlos e intentar incluirlos en sus comidas diarias. En las páginas 194-199, después de la lista de la A a la Z, encontrará una «Guía de referencia fácil».

Por ejemplo, si quiere lanzar un hechizo para potenciar sus dotes psíquicas y adivinatorias, deberá consultar la página 195 para encontrar los alimentos que le podrían ayudar. Algunos de los que podría incorporar a su hechizo serían arándanos azules, cerezas, canela, dátiles, pomelo, lechuga, setas y uva tinta. Podría preparar un *smoothie* mágico con dos o tres de ellos, o tal vez prefiera realizar un ritual con velas, dejando algunos

de los alimentos sobre el altar.

Otro ejemplo sería si le falta confianza y quiere encontrar la fuerza interior. Se dirigiría a la página 199 y elegiría los productos que representen la fuerza y el valor, como hojas de laurel, ajo o espinacas. Mientras prepara la comida, podría tener una vela encendida al lado e imaginar que los ingredientes le transmiten su fuerza.

Cultive sus propios alimentos

Todos sabemos que comer fruta y verdura es supersaludable, ¡pero son mucho más que eso! Como ya hemos comentado, todo alimento vegetal posee algún tipo de propiedad mágica que puede incorporar a sus hechizos y rituales.

Por supuesto, el poder que posee la planta aumenta muchísimo si la cultiva usted mismo (*véase* pág. 103). Coger una simple semilla y cuidarla hasta que germina y se convierte en una planta sana y fuerte le dará a un hechizo una fuerza extra.

No a todo el mundo le resulta posible cultivar sus productos. Los que no disponen de jardín o huerto pueden comprarlos en la tienda; no hay problema en ello. Aún así, aunque solo disponga de un rinconcito soleado en el patio o en el balcón, procure cultivar hierbas y verduras. Simplemente llene una maceta de tierra, plante las semillas y riéguelas con regularidad.

Frutas

Desde un punto de vista mágico, las frutas son potentes y se pueden usar de distintas formas. Si realiza algún hechizo con frutas, bendígalas antes. Sosteniendo la fruta con la mano izquierda (la más cercana al corazón), diga esta breve frase: «Invoco a la Madre Tierra para que bendiga este alimento con todo lo que es puro y bueno, que así sea».

ACEITUNA Fomenta la felicidad, fortalece la sexualidad masculina, otorga sabiduría, revela secretos, atrae la calma y la tranquilidad, ayuda con la fertilidad, da una protección general (la hoja), da un aceite para untar multiusos.

AGUACATE Aplaca el temperamento; aumenta el apetito sexual, la fertilidad, la belleza y la felicidad familiar; favorece la maternidad; facilita una mejor comunicación en las relaciones; ayuda a alcanzar los objetivos; fomenta la confianza y la autoestima; realza la belleza natural; potencia el sexo y la pasión, y el crecimiento de las plantas del jardín; protege la naturaleza y el medio ambiente.

ALBARICOQUE Atrae el amor, mantiene una relación sana, propicia la armonía en familias y amistades.

ARÁNDANO AZUL Refuerza la comunicación, protege contra los ataques psíquicos, realza la belleza natural, fomenta el deseo sexual y el sexo, ayuda a perder peso.

ARÁNDANO ROJO Favorece el amor y el romance; se usa en limpiezas, aumenta el valor, ofrece una protección general, le ayuda a conseguir sus aspiraciones.

BAYA DE SAÚCO Protege contra las emociones negativas, protege contra los ataques psíquicos, aumenta la sabiduría y la comprensión, refuerza la comunicación espiritual, fomenta la fidelidad.

CEREZA Amarilla o roja: potencia la adivinación y la clarividencia, así como los sueños proféticos; cura el sufrimiento emocional, favorece las amistades, impide las relaciones negativas, atrae el amor. Cereza negra: se usa para los hechizos de destierro y protección.

CIRUELA Favorece el sueño, el deseo y la magia sexual, el dinero y los negocios, el amor y el matrimonio.

CIRUELA PASA Realza la belleza, aviva el amor y la pasión, combate el insomnio o los trastornos del sueño, favorece una vida longeva.

COCO La pulpa del coco: fomenta la fidelidad y aporta protección para la persona y el hogar. El aceite de coco: se usa en tratamientos de belleza, por ejemplo como acondicionador del pelo.

DÁTIL Usado en hechizos de amor para atraer una pareja o dulcificar una relación, sana la amistad después de una disputa, refuerza la energía física, favorece las visiones psíquicas y la clarividencia.

FRAMBUESA Fomenta la fertilidad, la paciencia, la suerte y la fidelidad; invoca la fuerza para asuntos matrimoniales; aviva el amor; refuerza el valor; se puede usar en un hechizo para representar la sangre.

FRESA Potencia la fertilidad, ayuda a perder peso, aumenta la fuerza de voluntad, cura el corazón tras una ruptura amorosa, revela la infidelidad y si la pareja nos engaña.

GRANADA Aporta protección general, refuerza la comunicación espiritual, favorece el amor y el sexo, se puede usar en un ritual para representar la sangre o los órganos internos.

GRANADILLA Cura el dolor emocional, refuerza el deseo sexual y la pasión, fomenta el amor y la fidelidad, intensifica el sueño, ayuda a conectar con el cuerpo astral.

KIWI Valioso si busca la verdad; combate el insomnio; fomenta la alegría y la felicidad, la buena fortuna, el sexo y la pasión.

LICHI Atrae la felicidad, aumenta la energía y las dotes de clarividencia, motiva; se usa en rituales de amor para dulcificar el ánimo de la pareja.

LIMA Cura el estrés o el dolor emocional, invoca la protección espiritual, el vigor y la fuerza, protege de la negatividad, destierra los problemas económicos, distrae a amigos o familiares celosos.

LIMÓN Perfecto para rituales solares, elimina sortilegios y maldiciones, destierra el mal, eleva el ánimo, aumenta la creatividad, energiza, forma parte de muchas bendiciones para la amistad, corrige el mal comportamiento de los animales domésticos, se usa en hechizos para la pérdida de peso, repele el mal de ojo.

MANDARINA Atrae las amistades, realza la juventud y la belleza, favorece un sueño reparador, protege el hogar, fomenta la felicidad y la alegría, se usa en rituales de magia solar.

MANZANA Ayuda cuando se nos rompe el corazón, potencia el sexo y la pasión, aumenta la felicidad en general, fortalece los hechizos para atraer el amor.

MELOCOTÓN Cultiva la felicidad, atrae el amor, aumenta la fertilidad femenina, potencia la sabiduría y el conocimiento, se usa en exorcismos, ayuda a perder peso, protección general.

MELÓN CANTALUPO Incrementa la motivación, protección espiritual, felicidad y alegría.

MEMBRILLO Propicia una vida hogareña estable, fomenta la felicidad y la satisfacción, ayuda a alcanzar los objetivos, ofrece protección espiritual, atrae nuevos amores, aumenta la fertilidad.

MORA Ramas: para la protección en general. Bayas: para la magia del dinero y la fertilidad.

NARANJA Refuerza la creatividad y los sueños, atrae el dinero, aumenta las oportunidades, favorece la comunicación angélica, detiene los pensamientos obsesivos, se usa en la magia de amor, ayuda con la fertilidad, refuerza las amistades.

PASA Refuerza la sabiduría y el conocimiento, concentración y longevidad; mejora el rendimiento sexual; ayuda a perder peso; aumenta la fuerza de voluntad.

PERA Aviva el deseo sexual y la pasión, atrae el dinero, favorece la salud y el bienestar.

PIÑA Refuerza la imaginación, alivia el estrés, dispersa las tensiones, favorece la suerte y la felicidad, abre la puerta a las oportunidades, elimina los bloqueos creativos.

PLÁTANO Fomenta la creatividad, el dinero, la felicidad, la suerte en la familia, conecta con temas espirituales, potencia la sexualidad masculina.

POMELO Aumenta la autoestima, la felicidad emocional y la fertilidad femenina; destierra las energías negativas; elimina sortilegios y maldiciones; fomenta la creatividad; potencia las visiones psíquicas, aumenta la fuerza emocional.

SANDÍA Potencia el impulso sexual y combate la impotencia; atrae la buena fortuna, felicidad y alegría; libera del estrés y la ansiedad, hace que la meditación sea más profunda.

TOMATE Atrae el dinero, la prosperidad y la buena fortuna; fomenta el amor y las relaciones; protege contra cualquier cosa o persona malévola; ayuda a vencer los malos hábitos; aumenta la fuerza de voluntad.

UVA Verde: favorece el romance y la pasión, la buena suerte, la riqueza y la buena fortuna. Tinta: potencia la fertilidad, la motivación, el deseo sexual y la fuerza. Morada: usada en adivinación, potencia las visiones psíquicas y la comunicación con el mundo espiritual.

Verduras

Como ya comentamos anteriormente, existen innumerables formas de usar las verduras en su trabajo mágico, ya sea como parte de una receta mágica, o dejándolas sobre el altar al iniciar el hechizo. La siguiente lista detalla las propiedades mágicas de las verduras y hortalizas más comunes.

AJO Ofrece protección general, revierte los sortilegios y maldiciones, aleja la enfermedad, elimina la atención no deseada, potencia la fuerza física y mental, destierra fantasmas y espíritus malignos, protege contra ladrones, fomenta el amor y el sexo; el ajo silvestre se usa para proteger la naturaleza y la vida salvaje.

ALCACHOFA Simboliza el chakra de la corona, cada una de sus hojas es un capítulo de la vida, protege el corazón del dolor emocional, incita la pasión, aumenta el sentimiento de felicidad.

APIO Atrae visiones psíquicas, favorece la adivinación, ayuda a conectar en sueños con el mundo espiritual, favorece la concentración, ayuda con la pérdida de peso, ayuda a tratar con las emociones perturbadoras.

BERENJENA Favorece la sabiduría y el conocimiento, ayuda a descubrir la verdad, rejuvenece y fortalece el cuerpo, mejora el sexo, incrementa el dinero, cultiva la espiritualidad.

BERRO Se usa para fomentar las visiones psíquicas, crea armonía, trae equilibrio y claridad a situaciones difíciles, favorece la confianza, da más fuerza.

BONIATO Protege las amistades, fomenta la felicidad y la alegría, abre la comunicación con guías y espíritus, favorece el amor y el sexo, alivia el estrés, ayuda a concentrarse.

BRÉCOL Protege contra las desgracias de la vida, aumenta los niveles de energía, da fuerza en situaciones desesperadas.

CALABAZA Se usa en la veneración a las divinidades; protege contra los malos espíritus durante el festival de Samhain; es buena para los hechizos para concebir, mantener la salud y honrar a la Luna; refuerza la magia de amor; fomenta la buena suerte; permite comunicarse con los difuntos; se usa en rituales de fertilidad (las semillas); refuerza la capacidad creativa; cura el insomnio.

CEBOLLA Aleja a los visitantes no deseados, destierra los espíritus malignos, fomenta la suerte y la buena fortuna, elimina las preocupaciones económicas, ayuda a revelar la verdad, reaviva el amor, hace que las relaciones sean duraderas.

CHIRIVÍA Fomenta la confianza y la autoestima, invoca el valor en una confrontación, atrae el dinero, aumenta la riqueza.

COL Mejora la suerte y la felicidad, se usa en hechizos de protección general, atrae el dinero y la riqueza, evita los problemas de dinero, alivia las preocupaciones innecesarias por el dinero, potencia la fertilidad, se usa en magia de amor, aumenta la fuerza de voluntad, ayuda a perder peso.

COL DE BRUSELAS Cultiva la felicidad y la estabilidad, potencia las visiones, la belleza y la confianza en uno mismo, ofrece protección general, fomenta la fuerza y la resistencia, aumenta el valor.

COLIFLOR Calma los ánimos, dulcifica el ánimo de las personas gruñonas, invoca a los guías espirituales y la protección, calma los nervios.

ESPÁRRAGO Fomenta el deseo sexual y la pasión, invita a decir la verdad, protege la naturaleza y el medio ambiente.

ESPINACAS Aumenta la energía, mejora la concentración, favorece las visiones y la adivinación, aumenta la fertilidad, alivia el dolor del parto, atrae el dinero y los negocios.

GARBANZO Favorece el embarazo y la fertilidad, calma los ánimos, realza la belleza, se usa en hechizos para fortalecer y embellecer el cabello, ayuda a tratar con las emociones que nos subyugan.

GUISANTE Atrae el amor hacia las personas solitarias, favorece las relaciones y un matrimonio estable, mejora el impulso sexual, se usa en rituales de dinero para las personas con problemas económicos.

JUDÍA VERDE Protege contra cualquier cosa negativa, se usa para tomar decisiones y elegir, favorece el amor y el matrimonio, aumenta el deseo sexual y la pasión, favorece la fertilidad y los niños, atrae el dinero.

LECHUGA Aleja el miedo y la ansiedad, agudiza las visiones psíquicas y la adivinación, induce el sueño y el descanso, atrae el dinero y los negocios.

MAÍZ Ayuda a cambiar la suerte, aumenta la buena fortuna, protege contra personas o situaciones negativas, fomenta la felicidad y la satisfacción, refuerza las amistades, realza la belleza.

NABO Para los hechizos de «dejadme en paz», protege contra la negatividad y los espíritus malignos durante el festival de Samhain.

PATATA Se puede usar en magia en lugar de un amuleto, protege, se usa en hechizos de estabilidad, fomenta la felicidad, ayuda a arraigarse después de una sesión adivinatoria.

PUERRO Fortalece las amistades, destierra el mal, se usa en hechizos para la salud general, protege contra las fuerzas malignas y los ataques psíquicos.

RÁBANO Rojo: fomenta el amor y las relaciones. Blanco: protege contra el mal de ojo, favorece la comunicación con los espíritus, invoca a su guía espiritual y a los ángeles, refuerza el chakra sacro.

RÁBANO PICANTE Mantiene alejada la negatividad, destierra los malos espíritus, refuerza la sexualidad masculina, aumenta la fertilidad.

REMOLACHA Usada en la magia de amor, cura los corazones rotos, fomenta el arraigo y la confianza en uno mismo, prolonga la vida, da energía y resistencia, destierra a los enemigos.

RUIBARBO (*Nota:* coma solo el tallo; las hojas son muy tóxicas.) Aumenta la fuerza de voluntad, le ayuda a usted o a otra persona a vencer los malos hábitos, hace que su pareja sea fiel, aumenta la libido masculina.

SETA Y CHAMPIÑÓN Potencia las visiones psíquicas y la adivinación, ayuda a proteger la naturaleza y el medio ambiente, ayuda a perder peso, favorece el viaje astral, fomenta el amor.

ZANAHORIA Se usa en hechizos de fertilidad, mejora la vida sexual y el deseo sexual, ayuda a conectar con el poder superior, favorece la meditación y las visiones espirituales, fomenta la belleza y la popularidad.

Especias

Las especias no solo aportan sabor a otros alimentos, sino que son muy útiles en la despensa de una bruja. Estos maravillosos condimentos están repletos de importantes beneficios para la salud, y resultan incluso más eficaces al incorporarlos a un ritual mágico. Las brujas pueden tener una gran variedad de especias en casa para preparar aceites e infusiones de bendición, y mezclarlos con ciertas flores y hojas para potenciar un hechizo. También son populares para las bolsitas y los amuletos mágicos. Aunque existen innumerables especias en todo el mundo, en esta lista detallamos las más utilizadas en la brujería actual. Asegúrese de tener una buena reserva en casa para cuando quiera lanzar un hechizo.

ANÍS ESTRELLA Repele los insectos; le ayuda a vencer el insomnio, los trastornos del sueño y las pesadillas; se usa en la época de Yule para purificar espacios y los objetos del altar; se arroja a una hoguera para que le dé protección; se lleva encima para la buena suerte.

AZAFRÁN Atrae a una pareja, ayuda a curar una obsesión, para amuletos de la suerte (secado y prensado), para el éxito en un negocio, para ganar una batalla legal, levanta el ánimo, trae felicidad.

CANELA Se quema para bendecir los instrumentos del altar, atrae el dinero y la riqueza, acelera el resultado de los hechizos, favorece la inspiración y la creatividad, protege el hogar, propicia la suerte y la victoria, aumenta la magia sexual y el deseo.

CARDAMOMO Es capaz de silenciar a un chismoso, seduce a un amante, mejora la vida sexual y la libido, refuerza la comunicación, da confianza al hablar en público, se usa para obtener justicia y un resultado positivo en un juicio, aumenta el valor.

CLAVO Mejora el rendimiento sexual, protege contra cualquier peligro, aumenta el valor en situaciones difíciles, mejora la memoria, se usa para los amuletos en magia de amor.

CÚRCUMA Se usa en rituales de purificación, mejora el ánimo, para hechizos de salud general, se usa para romper un hechizo, aumenta la confianza en sí mismo y el valor.

JENGIBRE Atrae el dinero, aviva las relaciones amorosas, refuerza la libido, para rituales de sanación, se masca para tener más energía al trabajar con magia.

PIMENTÓN Refuerza los hechizos, elimina las maldiciones, se usa en hechizos de sanación, realza la belleza interior, favorece la comunicación con un espíritu.

PIMIENTA Negra: protege contra el mal, se usa en hechizos de destierro para personas y casas, rompe las maldiciones, elimina la negatividad de una persona o lugar. Blanca: elimina los obstáculos, protege contra los ataques, elimina maleficios, pone fin al acoso, se usa en hechizos de belleza y rituales para la pérdida de peso.

PIMIENTA DE CAYENA (GUINDILLA) Se usa para que un amante nos sea fiel, destierra la negatividad, elimina los maleficios, aclara la mente, le hace parecer más atractivo para los demás.

VAINILLA Aumenta el deseo sexual y la pasión, le hace más atractivo para el sexo opuesto, calma el carácter nervioso, potencia la fuerza de voluntad y los hechizos para perder peso, se usa en tratamientos de belleza.

Guía de referencia fácil

Si piensa en llevar a cabo un hechizo pero no está seguro de qué fruta, verdura, especia o hierba utilizar, consulte las listas siguientes, agrupadas por categorías. Recuerde: existen múltiples ingredientes que pueden funcionar, así que si le cuesta encontrar uno, siempre habrá un sustituto. Hemos incorporado algunas frutas, verduras, especias e hierbas (*véase* capítulo 6) que no aparecen en la lista de las páginas 184-193 y en el capítulo 6.

Para desterrar el mal, vencer los malos hábitos y eliminar la negatividad

Ajo • Angélica • Arándano azul • Azafrán • Calabaza • Cardamomo • Cebolla • Cereza negra • Clavo • Hierbaluisa • Hipérico • Hisopo • Limón • Limoncillo • Melocotón • Nabo • Ortiga • Pimentón • Perejil • Pimienta (blanca y negra) • Pimienta de Cayena • Patata • Perifollo • Pomelo • Rábano picante • Remolacha • Tomate

Para la belleza

Aguacate • Albahaca • Arándano azul • Ciruela pasa • Coco • Col de Bruselas • Consuelda • Garbanzo • Hierba gatera • Hierbaluisa • Maíz • Mandarina • Pepino • Pimienta blanca • Pimienta de Cayena • Pimentón • Vainilla • Zanahoria

Para la concentración y la comunicación

Aguacate ◆ Arándano azul ◆ Cardamomo ◆ Berenjena ◆ Boniato ◆ Calabaza ◆ Clavo ◆ Eneldo ◆ Espinaca ◆ Granada ◆ Pasa ◆ Pimienta de Cayena

Para la confianza y el valor, la motivación y la autoestima

Aguacate ◆ Arándano rojo ◆ Berro ◆ Cardamomo ◆ Chirivía ◆ Clavo ◆ Col de Bruselas ◆ Cúrcuma ◆ Frambuesa ◆ Melón cantalupo ◆ Perejil ◆ Pomelo ◆ Remolacha

Para la creatividad

Calabaza ◆ Canela ◆ Hisopo ◆ Limón ◆ Naranja ◆ Piña ◆ Plátano ◆ Pomelo

Para la adivinación y el psiquismo

Árnica ◆ Albahaca ◆ Apio ◆ Arándano azul ◆ Artemisa ◆ Baya de saúco ◆ Canela ◆ Cereza ◆ Col de Bruselas ◆ Dátil ◆ Espinaca ◆ Granadilla ◆ Hoja de laurel ◆ Lechuga ◆ Lichi ◆ Manzanilla ◆ Naranja ◆ Patata ◆ Pomelo ◆ Rábano ◆ Uva morada

Para el equilibrio emocional

Albahaca ◆ Albaricoque ◆ Alcachofa ◆ Aguacate ◆ Apio ◆ Azafrán ◆ Baya de saúco ◆ Bergamota ◆ Boniato ◆ Cereza ◆ Coliflor ◆ Consuelda ◆ Cúrcuma ◆ Fresa ◆ Garbanzo ◆ Granadilla ◆ Hierbaluisa ◆ Hipérico ◆ Lechuga ◆ Lima ◆ Limón ◆ Limoncillo ◆ Matricaria ◆ Naranja ◆ Perifollo ◆ Piña ◆ Pomelo ◆ Remolacha ◆ Sandía ◆ Vainilla

Para la fertilidad y la familia

Aceituna • Albahaca • Albaricoque • Aguacate • Apio de monte • Árnica • Calabaza • Col • Espinaca • Frambuesa • Garbanzo • Judía verde • Limoncillo • Melocotón • Membrillo • Mora • Naranja • Pomelo • Zanahoria • Uva

Para la fidelidad

Baya de saúco • Coco • Granadilla • Pimienta de Cayena

Para la amistad

Aguacate • Apio de monte • Boniato • Hierba gatera • Lima • Maíz • Mandarina • Puerro

Para la felicidad y el cambio

Aceituna • Alcachofa • Aguacate • Azafrán • Boniato • Borraja • Clavo • Col • Col de Bruselas • Frambuesa • Hierba gatera • Kiwi • Lichi • Maíz • Mandarina • Manzana • Manzanilla • Matricaria • Melocotón • Melón cantalupo • Membrillo • Orégano • Patata • Piña • Plátano • Pomelo

Para la salud y la sanación

Achicoria • Ajo • Aloe vera • Árbol del té • Bergamota • Cebollino • Consuelda • Cúrcuma • Equinácea • Eneldo • Eucalipto • Hierbaluisa • Hinojo • Hipérico • Incienso • Jengibre • Lavanda • Limoncillo • Manzanilla • Matricaria • Menta • Perejil • Perifollo • Pimentón • Raíz de ginseng • Sándalo

Para la casa y el hogar

Anís estrella • Borraja • Canela • Coco • Limón • Pimienta blanca
y negra

Para el intelecto
y el aprendizaje

Col rizada (y otras verduras de hoja verde)
• Cúrcuma • Ginkgo biloba • Jengibre •
Melisa • Menta piperita • Pimienta negra
• Romero

Para los asuntos legales

Azafrán • Cardamomo • Eneldo

Para el amor, el sexo y las relaciones

Aceituna • Aguacate • Ajo • Albahaca • Albaricoque • Alcachofa • Apio
de monte • Arándano azul • Arándano rojo • Azafrán • Berenjena •
Berro • Boniato • Calabaza • Canela • Cardamomo • Cebolla • Cereza •
Ciruela • Ciruela pasa • Clavo • Coco • Col • Dátil • Equinácea • Espá-
rrago • Frambuesa • Fresa • Guisante • Jengibre • Judía verde • Kiwi •
Lichi • Limoncillo • Manzana • Melocotón • Membrillo • Naranja •
Orégano • Pasa • Pera • Perejil • Piña • Plátano • Pomelo • Rábano
• Rábano picante • Remolacha • Ruibarbo • Sandía • Seta • Tomate •
Uva verde • Vainilla • Zanahoria

Para la suerte, el éxito y los nuevos inicios

Albahaca ◆ Anís estrella ◆ Canela ◆ Cebolla ◆ Clavo ◆ Col ◆ Eneldo ◆ Fenugreco ◆ Frambuesa ◆ Kiwi ◆ Piña ◆ Plátano ◆ Sandía ◆ Tomate ◆ Uva verde

Para el dinero y el trabajo

Acedera ◆ Achicoria ◆ Albahaca ◆ Borraja ◆ Berenjena ◆ Canela ◆ Cebolla ◆ Chirivía ◆ Ciruela ◆ Clavo ◆ Consuelda ◆ Espinaca ◆ Fenugreco ◆ Guisante ◆ Jengibre ◆ Judía verde ◆ Laurel ◆ Lechuga ◆ Lima ◆ Mora ◆ Menta ◆ Naranja ◆ Orégano ◆ Pera ◆ Perejil ◆ Plátano. ◆ Piña ◆ Tomate. Uva verde

Para la naturaleza, los animales y el medio ambiente

Acedera ◆ Ajo ◆ Aguacate ◆ Anís estrella ◆ Árnica ◆ Espárrago ◆ Hierba gatera ◆ Limón ◆ Ortiga

Para la protección

Ajo ◆ Albahaca ◆ Angélica ◆ Anís estrella ◆ Árnica ◆ Artemisa ◆ Baya de saúco ◆ Brécol ◆ Canela ◆ Cebollino ◆ Clavo ◆ Coco ◆ Col ◆ Col de Bruselas ◆ Consuelda ◆ Eneldo ◆ Granada ◆ Hierbaluisa ◆ Hisopo ◆ Judía verde ◆ Laurel ◆ Lima ◆ Maíz ◆ Mandarina ◆ Matricaria ◆ Membrillo ◆ Melocotón ◆ Melón cantalupo ◆ Menta ◆ Mora ◆ Nabo ◆ Orégano ◆ Ortiga ◆ Pimienta negra y blanca ◆ Patata ◆ Puerro ◆ Rábano ◆ Tomate

Para el sueño, el insomnio y las pesadillas

Anís estrella • Cebollino • Cereza • Ciruela • Ciruela pasa • Hierba gatera • Kiwi • Lavanda • Lechuga • Mandarina

Para la conexión espiritual y la meditación

Albahaca sagrada • Angélica • Apio • Árnica • Artemisa • Baya de saúco • Berenjena • Boniato • Calabaza • Col de Bruselas • Coliflor • Cereza • Dátil • Granada • Hisopo púrpura • Manzanilla • Melón cantalupo • Membrillo • Menta • Naranja • Pimentón • Plátano • Rábano • Sandía • Seta • Uva • Zanahoria

Para la fuerza, el vigor y el valor

Ajo • Arándano rojo • Berenjena • Borraja • Brécol • Cardamomo • Col de Bruselas • Dátil • Equinácea • Espinaca • Hinojo • Hoja de laurel • Lima • Lichi • Perejil • Plátano • Pomelo • Remolacha • Uva tinta

Para la fuerza de voluntad y la pérdida de peso

Achicoria • Aguacate • Apio • Arándano azul • Cebollino • Col • Fenugreco • Hierba gatera • Jengibre • Limón • Melocotón • Pera • Pasa • Pimienta blanca • Orégano • Ruibarbo • Seta • Tomate • Vainilla

Capítulo 8

Aceites esenciales naturales y mágicos

CUANDO VAYA A PREPARAR SUS ACEITES MÁGICOS, preste atención a cómo se siente. Si quiere que sus mezclas funcionen a la perfección, tiene que estar con buen ánimo y buena salud. Estará proyectando su influencia positiva sobre los aceites, así que asegúrese de permanecer concentrado. Los mejores ingredientes mágicos se suelen hallar en la despensa. Unas gotas de esto y una pizca de aquello suelen componer la receta perfecta. La mayoría de las brujas tal vez lo fueron en vidas anteriores, de manera que quizá su alma ya sabe cómo hacerlo. Confíe en sus instintos: no hay una forma correcta o incorrecta, recuerde que se trata de su aceite y que usted decide.

PREPARE SUS PROPIOS
ACEITES DE UNCIÓN

Cuando se disponga a realizar un ritual que requiera untar una vela o un cristal, lo mejor es usar una mezcla de aceite casera. Tiene que empezar comprando un aceite de base. Puede servir el aceite vegetal, de colza, de girasol o de oliva. Si necesita orientación sobre las correspondencias mágicas de diversas frutas, verduras, hierbas y especias, consulte la «Guía de referencia fácil» de las páginas 194-199, donde verá qué ingredientes usar para la maceración. No necesita gran cantidad de material para una receta. Por ejemplo, si prepara un aceite de hierbas en una botellita de 10 ml (más o menos el tamaño de una botella de aceite esencial), una pizca de cada hierba será suficiente.

Este aceite mágico conservará su poder unos tres meses; después la magia empezará a desvanecerse. Si no tiene espacio para cultivar sus propias hierbas, puede comprar bolsitas de muchas variedades distintas. Como ya mencionamos antes, hay muchas brujas con excedentes de hierbas secas que se las venderán gustosas por poco dinero. Si las compra por Internet, asegúrese de bendecir las hierbas en cuanto las reciba. Para ello, póngalas en un cuenco y recite una breve afirmación, como: *Bendigo estas hierbas, que su magia se mezcle con la mía.* Adquiera una selección de pequeños botes herméticos para guardar las hierbas y consérvelas en un lugar fresco, oscuro y seco, igual que los aceites.

Un aceite de base, sin maceración de hierbas, sirve como genérico para untar velas y cristales; esto bendecirá los objetos de su altar y servirá si quiere realizar un hechizo rápido (véanse las instrucciones más abajo). Pero, si dispone de tiempo, pruebe a usar un aceite que corresponda al trabajo que realiza y que contenga las hierbas asociadas con el hechizo. Por ejemplo, si el hechizo es para dormir mejor, en lugar de usar un aceite de base para untar, surtirá un mayor efecto si usa un aceite de lavanda. Además, también puede ser creativo a la hora de mezclar y usar los aceites mágicos, y si un ingrediente concreto le llama la atención y cree que servirá, adelante, siga su instinto.

Bendecir el aceite

Tanto si usa un aceite de base como uno con maceración de hierbas, es importante impartir una bendición general sobre el aceite mientras lo mezcla. Para un aceite de base, no hacen falta hierbas, simplemente vierta aceite vegetal, de colza, girasol u oliva en una botellita. Para otros tipos, mezcle sus ingredientes con el aceite en un frasco de vidrio con tapón de rosca. Déjelo destapado mientras dure el hechizo.

Encienda una vela blanca al lado de la botellita o el frasco y repita esta bendición sobre el aceite:

«Limpio este aceite, ahora libre de impurezas.
Bendigo este aceite, infundido con amor.
Invoco ayuda para potenciar mi magia,
invito a la diosa/los ángeles del cielo.
Que así sea».

Siempre es mejor esperar a que se consuma la vela (por supuesto, vigilándola), así que use una de tamaño pequeño de 10 cm o una candelita. Luego, pase el aceite a la botellita; si usa un frasco, enrosque la tapa.

En el caso de un aceite de base, podría preparar varias botellitas a la vez. Después podrá usarlas tanto como aceite de base como para mezclas más complejas que decida preparar en el futuro. Como siempre, guarde los aceites en un lugar fresco, oscuro y seco.

Cómo aplicar el aceite

Para untar una vela, simplemente aplíquese un poco de aceite en el dedo y páselo arriba y abajo por la vela antes de encenderla.

Para untar un cristal, deje caer unas gotas de aceite sobre el mismo y masajéelo. Puede untar otros objetos de su altar de este mismo modo, como un athame, un cáliz o la propia superficie del altar. Simplemente asegúrese de que el aceite no perjudicará al objeto, como ocurre con ciertos tipos de cristales porosos.

En las siguientes páginas, le damos algunas ideas sobre aceites para untar. Quizás no encuentre algunas de las hierbas, pero siempre verá algún sustituto en la «Guía de referencia fácil» de las páginas 194-199.

Aceite para desterrar la negatividad

A veces la energía negativa se nos pega, sobre todo si hemos pasado una mala época o nos hemos sentido infelices. La energía es contagiosa, por lo que una vez se apodera de nosotros resulta difícil librarse de ella. Si realiza un hechizo para eliminar la negatividad de su vida, este es un gran aceite limpiador que le desinfectará espiritualmente a usted y a cualquier superficie con la que entre en contacto.

MATERIALES

2 tallos de cebollino fresco picados finos

1 hoja de salvia seca, machacada o picada

1 frasco de vidrio

2 cucharaditas (10 ml) de aceite de oliva virgen extra (el aceite que antes haya bendecido potenciará el hechizo; *véanse* págs. 202-203)

5 gotas de aceite esencial de incienso

1 candelita blanca

1 colador para el té

1 embudo pequeño

1 botellita de 10 ml con tapón de rosca

RITUAL

Durante la fase de luna nueva, ponga el cebollino picado y la hoja de salvia en la botellita y vierta el aceite de oliva encima. Añada 5 gotas de aceite de incienso y mézclelo bien. Encienda la vela y repita esta bendición:

«Recargo este aceite con todo lo positivo.
Toda la energía negativa desaparece».

Espere a que se consuma la vela (vigilándola) y deje reposar la mezcla tres días.

Cuele el aceite con el colador de té y páselo a la botellita de 10 ml con la ayuda del embudo. Enrosque el tapón. No tire lo que ha quedado en el colador; puede esparcirlo después frente a su puerta de entrada como protección extra contra cualquier cosa negativa.

Otros usos del aceite para desterrar la negatividad

- Unte las velas o los cristales con el aceite antes de usarlos para un hechizo.

- Aplíquese unas gotas en la muñeca cada mañana para mantener alejada la negatividad.

- Moje el dedo en el aceite y frote el salpicadero de su coche para conducir sin estrés.

- Frote las jambas de la puerta para evitar que personas negativas entren en su casa.

- Si tiene un pariente político negativo al que no le cae bien, compre un popurrí y rocíe un poco de aceite sobre el contenido seco. Póngalo en un bol bonito y regáleselo. Su humor debería dulcificarse.

- Añada unas gotas al agua del baño para limpiar la energía que se aferra a su aura.

- Para vencer los malos hábitos, frótese las manos cada día con unas cuantas gotas.

Aceite para el trabajo psíquico y de adivinación

Siempre que desee conectar con un poder superior o potenciar sus capacidades psíquicas, este aceite le ayudará a transportarse a otras dimensiones, eliminando los obstáculos terrenales y elevando su vibración. Bendiga el aceite de base antes de empezar y siga las instrucciones siguientes.

MATERIALES

2 cucharaditas (10 ml) de aceite de colza (el aceite que antes haya bendecido potenciará el hechizo; *véanse* págs. 202-203)

1 pizquita de semillas de hinojo

1 pizca de semillas de manzanilla

1 pizca de artemisa seca

2 astillas muy pequeñas de cuarzo trasparente

1 frasco de vidrio

1 vela violeta

1 embudo pequeño

1 botellita de 10 ml con tapón de rosca

RITUAL

En cualquier fase lunar, mezcle todos los ingredientes (con las astillas de cristal) en un frasco de vidrio y déjelo reposar toda la noche. A la mañana siguiente, encienda una vela violeta al lado del aceite y repita este encantamiento tres veces:

«Bendigo este aceite, infundido de poderes,
Para conectar con el espíritu en las horas nocturnas».

Finalice con las palabras: *«Que así sea».*

Cuando la vela se haya consumido, cuele el aceite y con el embudo páselo con cuidado a la botellita de 10 ml y ciérrela bien.

Otros usos del aceite para el trabajo psíquico y de adivinación

- Para conectar con la deidad que elija, unte el altar frotando la superficie con un poquito de aceite (una gota bastará).

- Para potenciar su visión psíquica, apliquese un poco de aceite en las sienes.*

- Caliente un poco de aceite en un difusor y quémelo mientras realiza una lectura psíquica.

- Para favorecer los sueños proféticos, deje la botellita abierta al lado de la cama toda la noche.

- Para una meditación profunda, añada unas gotas al agua de la bañera y dése un baño antes de meditar.*

· *Nota:* no se debe usar aceite que contenga artemisa durante el embarazo o la lactancia; también puede producir alergias, así que realice un test de parche antes de usarlo y espere 24 horas.

Aceite protector

Todo el mundo debería tener a mano, en todo momento, como mínimo una botellita con aceite protector. Existen numerosas recetas en Internet para este tipo de aceite, pero esta es muy versátil y funciona de maravilla usado junto con una turmalina.

MATERIALES

2 cucharaditas (10 ml) de aceite de oliva
(el aceite que antes haya bendecido
potenciará el hechizo; *véanse* págs.
202-203)

½ diente de ajo pelado y picado

3 trocitos de raíz de angélica seca

1 pizca de albahaca seca

3 gotas de aceite esencial de mirra

3 astillas muy pequeñas de turmalina

1 frasco de vidrio

1 vela negra y 1 blanca pequeñas

1 embudo pequeño

1 botellita de 10 ml con tapón de rosca

RITUAL

Es imprescindible que el aceite se impregne del cristal. En una fase de luna llena,
mezcle el aceite de oliva, el ajo, las hierbas, el aceite esencial de mirra y las
astillas de turmalina en un frasco de vidrio y déjelo en el exterior (o en el alféizar
de una ventana donde llegue la luz de la luna), en una noche que no llueva, para
que absorba los rayos lunares.

Al día siguiente potencie su magia encendiendo una vela blanca y otra negra
al lado del aceite. Mientras arden, visualice que la vela negra atrapa cualquier
cosa nociva o peligrosa, y que la blanca le envuelve con su protección. Una vez
se hayan consumido (vigilándolas), cuele el aceite y pase el contenido con el
embudo a una botellita de 10 ml.

Otros usos para el aceite protector

- Para untar velas o cristales en hechizos de protección.

- Frote con unas gotas de aceite todas las jambas de las puertas de su casa.

- Si quiere proteger a un niño, unte el aceite en su mochila.

- Para protegerse mientras conduce, frote con unas gotas de aceite las cuatro ruedas del coche una vez al mes. Puede impregnar un retazo de tela de aceite y dejarlo en la guantera del coche.

- Para una protección personal, aplique un poquito de aceite en la ropa.

- Para proteger a otra persona, unte y encienda una vela blanca en su altar, al lado de una fotografía de la persona. Aplique un poquito de aceite en la foto también.

Aceite de la suerte

Debe preparar este aceite cuanto esté pasando una mala racha tras otra. Realícelo en luna llena y el aceite cambiará su suerte, alejando toda negatividad y abriéndole las puertas a la buena suerte.

MATERIALES

1 candelita blanca

quemador de aceite

2 cucharaditas (10 ml) de aceite de oliva (el aceite que antes haya bendecido potenciará el hechizo; *véanse* págs. 202-203)

1 anís estrella

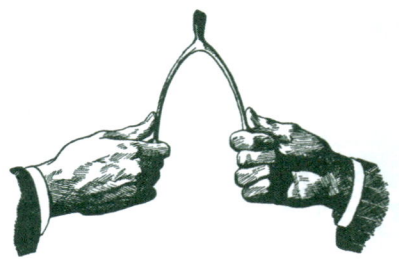

¼ de cucharadita de canela en polvo

1 pizca de eneldo seco

1 colador para el té

1 frasco de vidrio

1 embudo pequeño

1 botellita de 10 ml con tapón de rosca

RITUAL

Encienda una candelita blanca bajo el hueco del quemador de aceite. Añada el aceite de oliva y las hierbas y caliente los ingredientes hasta que el aceite esté a punto, unos 30 minutos. Mientras espera, repita doce veces este encantamiento.

> *«Dispongo que mi suerte cambie, a partir de este*
> *momento, empiezan las cosas buenas».*

Cuando haya terminado, diga las palabras: *«Que así sea».*

Apague la vela y cuele el aceite sobre el frasco de vidrio. Con cuidado retire el anís estrella, séquelo y resérvelo. Con el embudo pase el aceite a la botellita de 10 ml con tapón de rosca (sin tapar), encienda de nuevo la vela y espere a que consuma (no la deje sin vigilancia). Tape la botellita.

Guarde el anís estrella en su cartera unos meses; esto incrementará sus ingresos y garantizará que la suerte vaya hacia usted.

Otros usos para el aceite de la suerte

- Para que su mala suerte cambie a mejor, añada unas gotas del aceite a los alimentos antes de cocinarlos.

- Para tener suerte en el dinero, unte una heliolita con el aceite y deje el cristal en el alféizar de una ventana de su casa.

- Unte una vela azul con el aceite antes de acudir a una entrevista de trabajo.

- •Si tiene que pasar un examen, asegúrese de llevar encima el anís estrella. Puede coserlo en el dobladillo de la ropa o ponerlo en un guardapelo y colgárselo al cuello.

- •Si se presenta a un examen de conducción, unte una amazonita o cuarzo rosa con el aceite y llévela encima.

- •Para tener suerte en el amor, aplíquese unas gotas sobre la piel todos los días, sobre el corazón. (*Nota:* realice primero una prueba de parche durante 24 horas, porque la canela causa irritación en la piel de algunas personas.)

Aceite curativo

Puede preparar sus propios aceites con una variedad de hierbas. Existen innumerables hierbas y muchas recetas que puede buscar en libros o Internet. Para dolencias físicas específicas, es mejor consultar con un profesional de la salud antes de usar aceites esenciales, así que aquí nos centraremos en un hechizo curativo más mágico.

Si desea enviar energía sanadora a otra persona, o lanzar hechizos para el bienestar general, la siguiente receta funciona muy bien.

MATERIALES

2 cucharaditas (10 ml) de aceite de oliva (el aceite que antes haya bendecido potenciará el hechizo; *véanse* págs. 202-203)

2 gotas de aceite de bergamota

2 gotas de aceite de sándalo

2 gotas de aceite del árbol de té

1 frasco de vidrio

1 vela amarilla o dorada pequeña

1 varita de incienso de sándalo

2 velas blancas grandes

1 embudo pequeño

1 botellita de 10 ml con tapón de rosca

RITUAL

En una noche de luna menguante, mezcle los aceites en un frasco de vidrio y déjelo en su altar, poniendo el aceite, la vela amarilla o dorada y la varita de incienso de sándalo en el centro, y las dos velas blancas en la parte trasero, una a cada lado. Encienda las velas y el incienso. Repita siete veces esta bendición:

> *«Este aceite curativo lo sanará todo,*
> *Con la magia que hago con este hechizo».*

Finalice con las palabras: «*Que así sea*».

Cuando el incienso se haya consumido, añada la ceniza al aceite y remueva bien. Cuando se hayan consumido las velas (no las deje sin vigilancia), el aceite estará listo. Con el embudo páselo a la botellita de 10 ml y tápela.

Otros usos para el aceite curativo

- Para una sanación general, unte cualquier vela o cristal con el aceite antes de empezar el ritual.

- Cuando realice un ritual de sanación, ponga una foto de la persona aquejada en el altar, y aplique un poquito de aceite sobre su cara en la fotografía.

- Para quienes sufren de insomnio, sustituya todos los ingredientes por 2 gotas de aceite de lavanda y 2 gotas de aceite de manzanilla, y aplique unas gotas en el marco de la cama y en las sienes. (*Nota:* por favor consulte primero con su médico; en ciertos casos, hay muchas hierbas que no se pueden aplicar directamente sobre la piel.)

- Para usar cualquier tipo de aceite curativo, añada unas gotas en el agua de la bañera, masajee las sienes, queme diez gotas en un quemador de aceite con agua, o úntelo en el chakra del tercer ojo diariamente. (Lea la nota anterior sobre precauciones para la piel.)

Aceite para desterrar

Las brujas utilizan el aceite para desterrar tanto como el de protección. En lugar de protegerse de la negatividad, en el caso del destierro está eliminando algo nocivo e insistiendo en que no regrese jamás. Estos aceites se suelen usar para alejar los espíritus de una propiedad, para pararles los pies a los acosadores, o para alejar a personas que venden drogas o que ejercen una mala influencia en su vida. Incluso conocemos a brujas que lo han usado para animar a vecinos problemáticos a que se mudaran de casa.

Puede erradicar cualquier cosa con una mente fuerte y una actitud enérgica, así que para que su aceite surta efecto, realmente debe creer en lo que dice y confiar en lo que hace. Si lo que quiere alejar es una persona, debe ir con cuidado y asegurarse de no enviarle energía negativa sin querer. Los hechizos de este tipo a veces pueden salir muy mal, y podría enviarles algo feo que, a su vez, podría rebotar y volver a usted. Por ejemplo, si lo que quiere es que su vecino se vaya a vivir a otra parte, proyectaría su intención de una forma positiva, deseando que encuentre la casa de sus sueños.

Mantenga el pensamiento neutral, y cuando destierre a alguien, deséeles lo mejor y transmítales amor. Esto no siempre resulta fácil, sobre todo si se trata de una persona difícil, pero tiene que estar por encima de sus emociones y no permitirse enviar ningún pensamiento desagradable.

MATERIALES

2 cucharaditas (10 ml) de aceite de oliva (el aceite que antes haya bendecido potenciará el hechizo; *véanse* págs. 202-203)

½ diente de ajo picado fino

1 pizca de artemisa

1 pizca de pimienta de Cayena

1 pizca de salvia seca o 1 hoja de salvia fresca

1 frasco de vidrio

7 candelitas blancas

Fotografía de la persona o personas que desee desterrar (no es imprescindible, pero ayuda) o un papel con su nombre escrito en él

1 embudo pequeño

1 botellita de 10 ml con tapón de rosca

RITUAL

En una noche de luna llena mezcle el aceite con el ajo y las hierbas en un frasco de vidrio. Déjelo en su altar y encienda las siete candelitas, formando un círculo a su alrededor.

Si puede conseguir una fotografía de la persona, póngala en su altar; si no, escriba su nombre en un papel. Unte la fotografía o el papel con el aceite (no lo acerque demasiado a las velas). Repita doce veces este encantamiento:

*«En este día invoco la magia protectora,
Llévate todo lo malo, deja que todo lo bueno permanezca».*

Finalice con las palabras: *«Que así sea».*

Cuando las velas se hayan consumido (no las deje sin vigilancia), su aceite estará listo. Páselo con el embudo a la botellita de 10 ml y tápela.

Otros usos del aceite para desterrar

- Unte todas las velas con aceite para desterrar antes de un ritual de destierro.

- Si alguien le está acosando, aplique un poquito de aceite en el dobladillo de su ropa cuando salga de casa.

- Frote con un poquito de aceite las jambas de las puertas de su hogar para que no entre ninguna persona indeseable.

- Para ahuyentar a los fantasmas de una casa, mezcle diez gotas del aceite con 250 ml de agua de lluvia o de manantial. Pase la mezcla a un aerosol de plástico y rocíe los suelos de la casa.

- Por último, para que ese vecino molesto se vaya, rocíe un poco de aceite en la valla o camino de separación entre las dos propiedades; si vive en un piso, rocíe una pared que compartan.

Tercera parte

HOGAR, JARDÍN Y FAMILIA HOLÍSTICOS

Capítulo 9

La casa y el jardín encantados

¿SE LE DA BIEN LA JARDINERÍA O ES UN NEGADO PARA mantener viva una planta? Sea cual sea su experiencia pasada cuidando plantas, flores o árboles, este capítulo le proporcionará ideas con las que trabajar.

Las brujas que tengan la suerte de contar con un jardín, por grande o pequeño que este sea, podrán crear un espacio mágico y lleno de significado. Muchos wiccanos adoran la naturaleza y lo que más les gusta es ser un todo con el entorno, y cultivar y cuidar de su tierra. Los que son jardineros dedicados cultivan flores y arbustos que poseen un significado mágico, y plantan árboles que atraen la armonía y la prosperidad hacia las personas que allí viven. Cuando pensamos en las edades de una mujer bruja —«doncella, madre, anciana sabia»—, a menudo descubrimos que a las brujas les atrae todavía más el cuidado de la tierra en las fases de madre y anciana sabia, lo que significa que una vez que la bruja madura, empieza a interesarse todavía más por todo tipo de vida vegetal.

Algunas brujas en su etapa de doncella, si son almas evolucionadas, también disfrutan cuidando de las plantas y los animales. Puede descubrirlas a una edad muy temprana paseando con sus padres y deleitándose al ver como extraen la primera cosecha de patatas de la tierra, u obsesionándose con los gusanos, las mariposas y otros insectos del jardín.

PLANTAS COMUNES QUE REBOSAN ENERGÍA MÁGICA

Es fácil llevar la magia y la energía positiva a su hogar o jardín con plantas que no le costará encontrar; de hecho, ¡puede que ya tenga algunas de ellas muy cerca de donde vive!

Dedalera (*Digitalis*)

Por impresionante que sean estas bellas flores, todas sus partes son extremadamente venenosas y pueden resultar mortales si se ingieren. Es una planta igual de tóxica para gatos y perros, pero nuestras mascotas deben tener un conocimiento innato sobre ello, porque nunca se acercan a una dedalera cuando corretean por el jardín. Debido a sus propiedades potencialmente mortales, no es extraño que se la considerara mágica durante siglos. Antiguamente, los herboristas extraían partes de la planta para uso medicinal, pero ahora no, aunque sí existe un medicamento para el corazón, la digoxina, que se prepara con sustancias químicas extraídas de la planta. Igual que la prímula, se la asocia con las hadas, así que si aparece una de estas vistosas flores en su jardín, es probable que allí vivan algunos duendecillos de la naturaleza.

Frambuesa (*Rubus*)

La planta de la frambuesa nos invita a explorar el mundo espiritual y a mirar hacia nuestro interior para evaluar lo que estamos haciendo o lo que evitamos hacer. En el pasado, cuando una persona de la casa moría, se podaba la planta y se dejaban las ramas en la puerta de entrada. Esto impedía que el espíritu del difunto volviera a su hogar y facilitaba su pasaje al mundo de los espíritus. El folclore recomendaba a la mujer embarazada que llevara encima una ramita para aliviar los dolores del parto y que el embarazo transcurriera sin problemas. Como la fruta es de color rojo, la frambuesa era un sustituto corriente para los rituales que requerían el uso de sangre.

Actualmente, se incluye en la magia amorosa para que la pareja siga siendo fiel y para reavivar la relación.

Girasol (*Helianthus*)

Estas altas y resistentes plantas, de flores de un amarillo deslumbrante, se cultivan a menudo al lado de flores lunares —el nombre genérico para varias especies de plantas de flores blancas que florecen de noche— para re-

presentar el sol y la luna en armonía con la tierra.
Debido a que el anillo de pétalos del girasol es
similar a la melena de un león, las brujas lo usan
en magia para impartir valor y fuerza. No hay
nada más espectacular que contemplar una hilera
de estas bellezas gigantes y, si se plantan en grupo, cargarán mágicamente su jardín, atrayendo
felicidad y fertilidad a la tierra.

Jazmín (*Jasminum*)

A las brujas les encanta esta planta por sus numerosos usos mágicos.
No solo fomenta la paz y la protección, sino que se usa en bolsitas y tarros
de hechizos para atraer el amor. Quemar las flores en un dormitorio (en
un recipiente ignífugo) antes de dormir favorece
los sueños mediúmnicos y la conexión con el
mundo de los espíritus. Se cultiva en los
jardines para atraer a las hadas y los espíritus de la naturaleza. Tener cristales
de cuarzo cerca, ya sea enterrados en la
tierra de la planta o llevados encima en
una bolsita con flores de jazmín secas,
dará inspiración a las personas creati-
vas. Toda bruja con acceso a un jardín
debe intentar tener un jazmín. Su per-
fume es tan intenso que en un día de
brisa puede olerlo por todas partes.

El jazmín es potente usado en hechizos de sanación; las flores se pueden entrelazar en una escoba decorativa para un toque de magia extra.

Lavanda (*Lavendula*)

La lavanda siempre aparece encabezando la lista de un jardín mágico, por su influencia tranquilizadora y de arraigo. La lavanda tiende a tolerar la tierra de poca calidad y prácticas de riego cuestionables. Crece de año en año, así que el primer arbusto que plantó se irá extendiendo y cada vez dará más flores.

Ponga unas ramitas de lavanda en un baño de pies. Respire el aroma calmante de las hojas mientras se relaja, o cuelgue unos ramos secos en las ventanas de la casa para generar una energía de paz y tranquilidad. Para una experiencia especial, prepare una zona al aire libre donde disfrutar de la naturaleza mientras la lavanda va calmando las tensiones del día. Consulte también las páginas 116-117 para más información sobre la lavanda en aromaterapia y magia.

Madreselva (*Lonicera*)

La mayoría de las brujas que tienen la suerte de tener un jardín probablemente querrán plantar madreselva. Estas plantas, con sus delicadas flores tubulares, son un imán para atraer el dinero; también potencian su intuición y le ayudan cuando está intentando desarrollar sus dotes psíquicas. Cuando la planta florezca, recoja algunas hojas y déjelas secar en una bandeja unas semanas. Una vez secas, estrújelas y póngalas en el altar cuando lleve a cabo un hechizo para el dinero. Puede mezclarlas con sal y astillas de aventurina para potenciarlas.

Margarita (*Bellis perenne: margarita comun; Leucanthemum vulgare: margarita*)

Las delicadas y dulces margaritas, con sus caritas felices, dan alegría por el mero hecho de existir. Las margaritas engañan, porque al ser tan comunes, a veces no se les da la importancia que merecen. Pero son persistentes y adaptables. Aparecen allí donde desean crecer, y a veces en lugares donde cuesta creer que algo pueda crecer allí. Aunque por la lluvia y las inclemencias parezcan algo marchitas, siguen transmitiendo alegría. En la Edad Media se usaba la humilde margarita para la adivinación amorosa; de ahí se deriva la práctica de arrancar los pétalos uno a uno, diciendo: «Me quiere, no me quiere». Estas encantadoras flores se usan a menudo en hechizos de amor, para revelar lo que siente un posible amante.

La margarita nos invita también a reconocer que la modestia y una naturaleza discreta son excelentes cualidades, justo lo que nuestro mundo actual necesita. Confeccione una corona de margaritas y póngasela para meditar, dando las gracias por sus cualidades únicas.

Prímula (*Primula veris*)

En el antiguo saber popular inglés se asociaba a estas bonitas flores con las hadas. Se creía que por los alrededores de Beltane (Primero de mayo), las prímulas mantenían alejados a los duendecillos traviesos y por ello se

solían esparcir por el umbral de la casa como protección. En el folclore posterior se decía que las hadas se escondían en el interior de las flores para protegerse del peligro. Las prímulas crecen en pastos y praderas, pero a muchas brujas les gusta plantarlas en un parterre. Sus delicadas flores amarillas cuelgan hacia abajo, como un manojo de llaves, lo que significa que la planta revela los secretos y descubre las cosas ocultas. Para su trabajo mágico, seque las flores y úselas en los rituales cuando quiera descubrir la verdad.

Rosa (*Rosa*)

No es nada extraño ver rosas en la mayoría de los jardines, pero lo que muchos no saben es que es una de las plantas más mágicas de la brujería y que la puede usar de mil y una formas para mejorar su vida. Independientemente de su color, la impresionante rosa se asocia tradicionalmente con el amor y la pasión. Puede secar los pétalos para hechizos de amor, para atraer una nueva pareja o mantener una buena relación. Debería retirar con cuidado las espinas de la planta y ponerlas en una «botella de bruja»: una botella que contendrá un hechizo de protección para custodiar su hogar.

Responsable con las plantas—Deanna

Hace muchos años, cuando era joven e inocente, mi madre vino a visitarme una semana. La oí dar un grito ahogado cuando caminaba tras ella hacia mi invernadero. En el largo alféizar había cuatro tristes plantas que había olvidado regar y que, por desgracia, se habían ido al cielo de las plantas.

Mi madre, una persona por lo general muy tranquila, se llevó un disgusto; fue una de las pocas veces en mi vida en que me echó una

buena bronca. «¿Quién cuidará de ellas si tú no lo haces?», dijo, y añadió: «¿Qué hubieras hecho tú si no te hubiera dado de beber?». Me dijo que las plantas son como los niños, y que tienen sentimientos. Aunque en esos momentos pensé que estaba yendo demasiado lejos, ahora que he madurado me avergüenzo de lo que hice.

Todo lo que me dijo sobre el cuidado de las plantas —entre otras cosas, regarlas y alimentarlas— y sobre cómo conseguir un buen compostaje, me ha servido de mucho. Desde entonces he aprendido a sintonizar con la sensibilidad de estas maravillas y ahora soy una fanática de las plantas de interior. Le enseñé a mi hijo los mismos principios y ahora es jardinero profesional. Resulta fantástico estar con él al aire libre, cultivando plantas y verduras y compartiendo nuestro entusiasmo por el arte de la jardinería.

PLANTAS DE INTERIOR

Tanto si acaba de mudarse de casa como si lleva veinte años en el mismo lugar, puede incrementar y potenciar la energía positiva de su espacio con plantas específicas. Algunas de ellas se vienen usando desde tiempos antiguos para la buena suerte, así que, cuando ponga una orquídea o un bambú de la suerte en un lugar destacado de una habitación, estará siguiendo esta tradición. Todas estas plantas crecen en macetas y por tanto es fácil integrarlas en los espacios más pequeños. Añadir una planta a una habitación es como una renovación instantánea: de pronto, ha adquirido frescura y está llena de vida. Las plantas que tenemos en casa desempeñan un papel misterioso en nuestras vidas, porque su energía singular influye sobre nuestro estado de ánimo y sobre la buena fortuna que podamos atraer. A las brujas les encantan sus plantas de interior y sus flores, y a menudo se toman un tiempo para sintonizar con lo que cada una de ellas necesita. Las plantas están vivas, así que debemos respetarlas y cuidar de ellas; se ha demostrado científicamente que hablarles en un tono de voz suave y amable hace que crezcan mejor. Como cualquier otro ser vivo, responden a ello.

Árbol de jade (*Crassula ovata*)

Esta es una planta imprescindible para el hogar, sobre todo si quiere que fluya el dinero (es una de varias denominadas «plantas del dinero»). El jade es una planta suculenta de hojas pequeñas, redondas y abultadas que representan el crecimiento y la nueva energía positiva. Las hojas se asemejan a una piedra de jade, símbolo de riqueza y éxito. El árbol de jade es un regalo habitual para el propietario de un negocio, y hay que dejarla cerca de entrada de la tienda o despacho. En su casa la puede colocar cerca de la puerta de entrada para atraer energía de prosperidad. Los expertos en feng shui recomiendan situarla en un lugar del sudeste de una casa o negocio, para una energía bien enraizada que atraiga el éxito continuo. Esta planta florida significa amistad o amor sólidos, bendiciones y un éxito continuo. Pruebe a combinar un árbol de jade con una planta china del dinero en el mismo espacio para potenciar la buena fortuna y la continuidad en el amor, la vida y los asuntos de negocio.

Es una buena opción para aquellos de nosotros que no se nos dan bien las plantas. Las especies suculentas requieren pocos cuidados y necesitan poca agua. De hecho, no debería regar el árbol de jade hasta que la tierra esté seca al tacto. Estas plantas necesitan mucha luz solar para prosperar, así que téngalo en cuenta al decidir dónde colocarla, o déjela en un alféizar soleado una buena parte del día. Por último, asegúrese de ponerla en una maceta grande y no deje que se seque. Si decide tener una en casa, para que su magia funcione es imprescindible que haga un lazo con una cinta roja, sin apretar demasiado, en uno de sus tallos. Puede regalar esquejes a sus amigos para hacer circular la buena fortuna.

Bambú de la suerte (*Dracaena sanderiana*)

Su nombre lo dice todo. Estas plantas se suelen vender como pequeños arreglos de tallos en un recipiente con guijarros o piedras (o a veces tierra) y un poquito de agua. El bambú de la suerte posee una energía sabia y nos muestra como ser abiertos (ya que sus tallos son huecos), flexibles y persistentes. Fomenta el crecimiento tranquilo y humilde, y atrae la prosperidad. Muchas plantas de bambú que verá en las tiendas tienen tallos curvados o trenzados, pero así no es como crece en estado natural. El bambú se suele utilizar en el feng shui, la práctica china de alinear las fuerzas energéticas de un espacio donde vivir con las de las personas que residen en él. Incorpora los elementos de madera, metal, tierra, agua y fuego, e indica los puntos de la casa donde cada elemento funciona mejor.

Según el feng shui, el número de tallos de un bambú es simbólico:

- Dos tallos de bambú atraen el amor, el matrimonio y la compañía.
- Tres tallos fomentan la paz, la felicidad y la riqueza.
- Cuatro tallos traen mala suerte, así que evítelos.
- Cinco tallos pueden mejorar el estado de salud.
- Seis o nueve tallos atraen la buena fortuna y un dinero extra.

Para que su bambú prospere durante muchos años, asegúrese de añadir solo un par de centímetros de agua a la base del recipiente y cambiarla semanalmente. No la exponga a la luz solar directa, y dele la vuelta a la planta cada semana, ya que los tallos de la parte de atrás intentarán alcanzar la luz. Añada una solución diluida de abono una vez al mes.

Cactus *(Any variety)*

Debido a sus espinas, la mayoría de los cactus tiene un aspecto un poco agresivo, pero cultivados en el interior generan una energía maravillosa y se cree que atrapan y alejan la infelicidad y la ansiedad. Los cactus necesitan muy poca agua y pocos cuidados, y se supone que eliminan las ondas electromagnéticas nocivas.

Crisantemo (*Chrysanthemum*)

Estas exuberantes flores se empezaron a cultivar en China y forman parte integral de las culturas china y japonesa. Tanto las flores como las hojas, secadas, funcionan de maravilla si desea desterrar algo de su vida. El crisantemo emite vibraciones protectoras, así que ponga una maceta al lado de la puerta de entrada. Estas plantas también son útiles en hechizos para evitar las discusiones familiares o si hay tensión entre la pareja.

Lirio de la paz (*Spathiphyllum*)

El lirio de la paz es otra buena opción para la persona poco dotada para la jardinería. Crece tanto a la sombra como con luz artificial, lo que significa que puede llevarla a su despacho o a un lugar de la casa sin ventanas, sin que ello la perjudique. Sus flores blancas y sus hojas de un verde oscuro resultan muy atractivas. La energía de la planta favorece la prosperidad y la virtud, y añade una capa de protección espiritual. Es una planta bonita para un lugar que precise tranquilidad, como una oficina caótica, o un hogar donde el estrés y las emociones están a flor de piel.

Use el lirio de la paz como piedra de toque cuando las emociones negativas empiecen a arremolinarse en casa o en el trabajo. Siéntese un momento con la planta, respirando hondo ante su presencia. Visualice que inhala el aire puro y filtrado que le ofrece, e imagine que la planta capta la vieja energía nociva del espacio y la convierte en una renovada fuente de vida. Cuando haya terminado, dele las gracias al lirio de la paz por su presencia serena.

Le gusta la luz tenue, la tierra húmeda y unas nebulizaciones. Responde bien en una habitación fresca —pero no fría— y, como su nombre indica, genera un ambiente positivo y de paz. Tenga una cerca cuando lleve a cabo hechizos para aliviar la tensión. Puede usar una o dos hojas secas y machacadas para preparar aceites para untar dedicados a la paz y la felicidad.

Orquídea (familia de las *Orchidaceae*)

Las orquídeas son una buena inversión, ya que duran mucho tiempo y se pueden podar para estimular el crecimiento de nuevas flores, que suelen aparecer al cabo de unos seis meses. Quizás la más delicada de todas las plantas de interior, la orquídea es el símbolo del lujo supremo: pura belleza que requiere un cuidado adecuado para que no se marchite.

En la antigua Grecia las orquídeas eren signo de virilidad y fertilidad. (De hecho, la palabra orquídea viene del griego *orchis* —testículo— por la forma testicular de los pares de tubérculos de algunas especies.) Si un hombre quería tener un hijo, consumía tubérculos de buen tamaño. Por otro lado, si una mujer quería tener una hija, comía los tubérculos de menor tamaño.

Las orquídeas se consideran flores sexualmente atractivas porque representan la virilidad, la fertilidad y la pasión. A las brujas les encanta tenerlas en casa, sobre todo las orquídeas mariposa, que se supone mantienen vivo el amor romántico y la fidelidad en la pareja. Ponga una maceta con orquídeas en su altar cuando trabaje con magia de amor, o si tiene problemas para concebir.

Traer una orquídea a casa puede favorecer varios tipos de energía. En general, representan el amor, la belleza, la fuerza, el éxito y el refinamiento. Algunas energías son más específicas, dependiendo del color:

- **AMARILLO** Nuevos inicios, amistad y felicidad

- **PÚRPURA** Realeza, dignidad y respeto

- **ROJO** Pasión, deseo y valentía

- **ROSA** Felicidad, paz y elegancia

- **BLANCO** Inocencia, pureza y humildad

- **NARANJA** Atrevimiento, entusiasmo y pura delicia

Como las orquídeas representan el espectro completo de la espiritualidad, puede usarlas en cualquier tipo de ceremonia o meditación. Su exquisitez puede ser por ejemplo fuente de inspiración para un hechizo de amor. Escriba el nombre de la persona amada en un costado de una vela roja ahusada. (Grabe el nombre en la cera con la punta de un bolígrafo o lápiz.) Encienda la vela y deje que arda un par de minutos. Coja un fragmento de pétalo de orquídea y póngalo en un platito. Deje caer un poco de cera sobre el pétalo mientras visualiza que usted y su amado se están abrazando. Inspire hondo y diga en voz alta:

«Veo una relación perfecta con el ojo de la mente, y confío en que el Espíritu la atraerá hacia mí. Que así sea».

Las orquídeas precisan un lugar cálido y luminoso, pero sin luz solar directa, que podría dañar sus hojas. Si las hojas de su planta se vuelven de un tono rojizo, es que les da demasiado el sol. Si las hojas son oscuras, no reciben suficiente luz. Riegue la planta una vez por semana, por la mañana temprano, para que tenga tiempo de absorber el agua durante la parte más luminosa y cálida del día.

Muchas personas usan posos de café para abonar la tierra, y esto beneficia a la planta. A pesar de su aspecto espectacular, compruebe con regularidad que no tengan cochinillas blancas que podrían diezmarlas y matarlas. Lo mejor es regarla una vez por semana bajo el agua del grifo y dejarla escurrir bien antes de devolverla a su lugar. Se recomienda también una nebulización diaria.

Planta china del dinero (*Pilea peperomiodes*)

No hay que confundirla con la comúnmente llamada planta del dinero (*Plectranthus verticillatus*), esa planta de hojas gruesas, redondas y brillantes que parecen monedas grandes. La leyenda dice que si una de estas plantas se encuentra a gusto en su casa, jamás le faltará el dinero. Le traerá alegría, felicidad y abundancia. No solo son afortunadas, sino que también ayudan cuando se siente un poco decaído. Si conoce a alguien que esté pasando por una época de mala suerte, regálela una y su vida pronto mejorará. La mayoría de las personas las tienen como plantas de interior, pero a veces sobreviven al aire libre, en el jardín o la terraza de un clima cálido.

Asimismo, es otra de las plantas que se usa para el buen feng shui. Los expertos afirman que dejarla frente a una esquina aguda de la casa eliminará el estrés y la preocupación. La planta del dinero ayuda también a tener menos discusiones y a conciliar el sueño. Esto la convierte en una buena planta purificadora, y es una buena opción para un dormitorio o cualquier lugar donde descansar y relajarse.

A las plantas del dinero les gusta un entorno húmedo y arenoso, con la tierra bien drenada. Toleran una tierra húmeda, pero cuidado con regarlas demasiado, porque se le pudrirán las raíces y su amiga podría morir. Puede dejarla en un lugar soleado, porque tolera bien la luz solar, al menos una parte del día.

Sanseviera (*Dracaena trifasciata*)

Esta popular planta de interior, conocida también como «lengua de suegra» o «cola de gato» tiene unas hojas gruesas y puntiagudas y es perfecta para la bruja novicia porque precisa muy pocos cuidados. Le animamos a tener una sanseviera en casa: no solo elimina el exceso de monóxido de carbono de su entorno, sino que también absorbe la negatividad. Las brujas la usan en hechizos para potenciar la inteligencia o para atraer la prosperidad.

A esta planta le gusta una luz brillante pero indirecta; deje que la tierra se seque entre un riego y otro para evitar que las raíces se pudran.

LA BRUJA DE COCINA Y LAS PLANTAS

Aunque yo (Leanna) me considero una bruja ecléctica, tengo que decir que me inclino hacia la especialidad de cocina y de jardinería. No hay nada mejor que pasar unas horas en la cocina hirviendo pociones y preparando aceites para mi trabajo mágico.

Tengo un pequeño patio que da a la casa, que he convertido en un huerto y allí cultivo todo tipo de hierbas y plantas que utilizo exclusivamente para fines mágicos. A diferencia de lo que se cree, no se necesita mucho espacio para cultivar plantas. Dispongo de unos maceteros elevados y tinas repartidas por todo el patio, plantados con hierbas comunes como perejil, tomillo, romero, salvia, laurel, mejorana y orégano. También me gusta cultivar algunas de las hierbas más inusuales, actualmente menos usadas, como la borraja, perifollo, matricaria, consuelda, acedera, angélica, melisa, valeriana, manzanilla y apio de monte. Me gusta el hecho de que

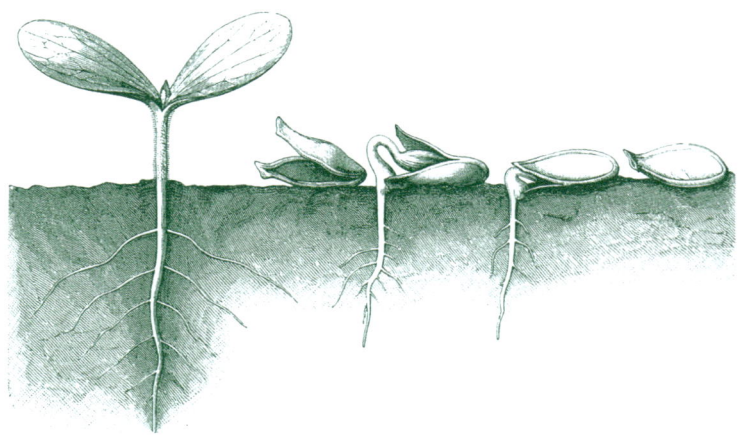

no se puedan comprar fácilmente, por lo que hay que sembrar las semillas y cuidarlas mientras crecen. En mi opinión, estas hierbas menos comunes funcionan mucho mejor que las más fáciles de encontrar. Realmente marcan una gran diferencia en los hechizos, sobre todo al combinarlas con variedades compatibles. Además, no solo uso las mismas plantas que utilizaban nuestros antepasados, sino que también espero presentarlas a las nuevas brujas y animarlas a que adopten estas antiguas tradiciones.

El proceso de cuidarlas es mucho más complejo que plantar una semilla. Tiene que conectar con la planta hablándole, tocándola cada día, alabándola y regándola cuando sea preciso. Aunque no soy una experta en el *Almanaque del agricultor*, cuando siembro semillas siempre me siento atraída por la luna nueva, cuando la fuerza de la gravedad atrae el agua del interior de la tierra hacia la superficie. Asimismo, cuando preparo mis aceites de unción, opto por la luna nueva, ya que la considero la fase más mágica de todas.

Esta es solo mi manera de hacer las cosas y, con el tiempo, estoy segura de que usted desarrollará sus propias ideas.

¿Por qué no prueba a tener su propio huerto mágico? Cuando llegue el momento de cosechar las plantas, arránquelas o córtelas dándoles las gracias por su vida. A continuación déjelas una semana sobre unas bandejas en un lugar oscuro, y una vez secas, estrújelas y guárdelas en tarros herméticos. Hay algo en el cultivar, cosechar y secar sus propias hierbas que conecta a la bruja con la planta; amplifica la intención de un hechizo y lo hace más potente.

Jardines naturalmente mágicos—Deanna

Existen ciertos jardines que son naturalmente mágicos. A menudo se encuentran en alguna línea ley, que muchos creen que son vías invisibles de energía que atraviesan la tierra, conectando antiguos monumentos y lugares de culto. Si hay alguna vieja iglesia o antiguo emplazamiento religioso a uno o dos kilómetros de su propiedad, es posible que su casa se halle sobre una línea ley o cerca de ella. Las energías que emiten son estimulantes y sanadoras, dando una sensación de euforia, felicidad y serenidad. Los animales y otras criaturas se sienten muy atraídos por ellas, y experimentan un subidón que les produce alegría y euforia.

Mis padres son afortunados, porque su jardín se halla sobre una de estas líneas. Es el más tranquilo de los lugares, junto a una enorme extensión de la campiña inglesa. Yo tengo dos perritos pomerania y en verano suelo llevarlos a visitar el jardín. Así que llegan, se excitan y corretean emocionados y felices. Si alguna vez me siento cansada o decaída, voy a su jardín y al momento mi estado de ánimo mejora. La energía del lugar me recarga y me da un nuevo optimismo. También pasan cosas extrañas con las plantas del lugar. Frente a la casa crece un ajo salvaje que nadie plantó, a ambos lados del camino de entrada, en perfecta simetría. Esta planta es conocida por sus propiedades protectoras y se nota su potente energía al pasar por su lado. Diminutas violetas de Devon alfombran otro parterre, atrayendo a espíritus de la naturaleza y otras criaturas, y de la noche a la mañana tienden a aparecer unos extraños hongos.

El resto de los jardines de la calle son impecables y están muy bien cuidados, nada que ver con el de mis padres. El brezo silvestre, blanco y lila, se entrelaza de forma natural en otro parterre que también contie-

ne prímulas silvestres, celidonias y primaveras. En la parte trasera de la casa, cuando es la época, unas altas dedaleras rosa se alzan como centinelas, y los jacintos de los bosques crecen en masa. Hace años, aparecieron espontáneamente dos tipos de serbal; ambos son bien conocidos en el Reino Unido porque protegen contra el mal de ojo y alejan la soledad. Cuando los amigos vienen de visita, sienten una gran paz y comentan lo hermoso que es todo. Es difícil creer que su jardín se ha creado de forma misteriosa, pero realmente es así. Hay quien cree que el mundo de los espíritus recompensa los gestos de amabilidad y lleva el encanto a sus casas. Mis padres son gente maravillosa y generosa, y estoy segura de que este es el caso.

ORNAMENTOS MÁGICOS
PARA EL JARDÍN

Unos cuantos ornamentos, colocados estratégicamente, aumentarán la belleza de su jardín. No son difíciles de encontrar y los verá en muchas casas de su vecindad. El jardín de una bruja debería ser un lugar tranquilo, adecuado para la meditación y la soledad. No hay nada más bonito que unas placas y estatuas ornamentales repartidas entre las flores o descansando orgullosamente sobre un escalón. Sin embargo, pocos conocen las historias y las propiedades mágicas que esconden.

- **Uno de los ornamentos más comunes** que vemos en el jardín de una bruja es una placa del tradicional hombre verde. Representa la protección y se dice que mantiene segura y saludable la vegetación y los animales. Cuando plante un jardín de hierbas o una parcela donde cultivar verduras, pídale cosechas abundantes y libres de plagas.

- **Las salamandras ornamentales** son una tendencia moderna en la escultura de jardín y se suelen colgar de una valla o un árbol. Se cree que otorgan el don de la visión psíquica y protegen contra el fuego.

- **Los unicornios ornamentales** colocados en un parterre o bajo un árbol o arbusto, ofrecen un aspecto mágico a la luz de la luna llena. Como los unicornios no tienen malos pensamientos —solo amorosos y puros— aportarán un ambiente espiritual y sereno a su jardín.

- **Para aquellos que practican la wicca angélica,** las figurillas de querubines o ángeles equilibrarán los ánimos y atraerán la quietud y las bendiciones.

- **Las bolas de mosaico de vidrio** son esferas reflectantes que se sitúan en medio de los jardines. Se originaron en Italia en el siglo XIII como medio de mantener alejados a los malos espíritus. Estaban hechas de fragmentos de espejo y rellenas de cordel, para confundir a fantasmas, demonios y otras energías oscuras. Algunas personas creían que si una bruja malévola se acercaba a la casa, se vería reflejada en la esfera, se asustaría y se marcharía. La realeza europea se interesó también por estas bolas reflectantes, y pronto se las vio aparecer en los jardines reales. Los monarcas creían que atraían hacia su propiedad la prosperidad, la riqueza, la seguridad y la sabiduría.

- **Las tradicionales liebres que contemplan la Luna** también son comunes en el jardín de una bruja, y traen suerte y magia abundante.

- **Los gnomos de jardín** se suelen considerar un ornamento cursi para el jardín, pero en realidad tienen una larga historia de proteger a las plantas. En el Renacimiento, el alquimista suizo Paracelso habló de los gnomos como espíritus de la naturaleza que aparecían de noche para ayudar al crecimiento de las plantas del jardín. Esta leyenda perduró y se los veía habitualmente en los jardines del siglo XVIII. Los gnomos actuales casi siempre llevan un gorro rojo ¡y siguen atrayendo salud y brillo a patios y jardines de todas partes!

- **Los jardines de hadas** aparecen por primera vez en Estados Unidos a finales del siglo XIX, probablemente inspirados en las muestras de diminutos jardines de bonsáis que se vieron en la exposición universal de Chicago. Los mundos en miniatura representados en estos jardines fueron objeto de un artículo en el *New York Times*, que transmitió la idea al público general, una idea que se fue transformando en los jardines de hadas en miniatura que vemos hoy día. La idea es proporcionar a los pequeños duendecillos un lugar seguro donde vivir. A cambio, le darán buena suerte. Estas son algunas sugerencias si desea crear un mundo para estos amigos:

  ★ Incluya alguna casita de algún tipo donde las hadas puedan descansar de día.

  ★ Añada plantas pequeñas que una criatura del tamaño de su pulgar pudiera cuidar.

  ★ Piense en otros objetos para el paisaje; unas piedrecitas podrían ser como rocas grandes para sus hadas.

  ★ Añada algún lugar donde sentarse o descansar.

  ★ Piense en construir su jardín de hadas en una zona protegida, para que no le afecten la lluvia ni los elementos. Si a usted le gustan los elementos de este jardín en miniatura, ¡a las hadas también les gustará! El folclore escocés nos dice que existen dos tipos de hadas y duendes: uno nos ayudará, aunque nos gaste alguna jugarreta, pero el otro tipo es malicioso, así que, si decide crear un jardín para las hadas, ¡podría poner unos cartelitos diciendo que es exclusivo para las hadas buenas!

CREAR UN JARDÍN ANGÉLICO

Los ángeles son universales y están presentes en numerosas religiones. Las brujas creen que la vibración de los ángeles es extremadamente elevada, y que están aquí para ayudar a los humanos a lo largo de su vida. Para crear un jardín angélico, es mejor dedicar un rincón de su parcela a los ángeles. Puede efectuar allí todo tipo de rituales al aire libre y cultivar plantas y flores que sintonicen con su vibración. Un altar al aire libre es muy bonito si desea meditar en el jardín o si quiere hacer ofrendas a las deidades que prefiera.

En primer lugar, ponga una pequeña mesa de exterior o una losa de hormigón en el suelo. Consiga una estatuilla de un ángel y póngala en el centro. Si deja por allí amatistas y cuarzos rosas, atraerá el amor y la paz y equilibrará las energías. Si el lugar tiene tierra, puede plantar directamente en ella; si no, plante alguna de las flores siguientes en macetas y repártalas alrededor de su altar al aire libre. Estas son las descripciones de algunas plantas mágicas que quizás desee incorporar a su jardín angélico. Otras plantas que se cree atraen la magia al jardín son los ranúnculos, claveles, dientes de león, lilas, lavanda, muérdago y rosas.

Angélica (*Angelica*)

Esta planta solo atrae energía positiva y alejará toda la negatividad que encuentre a su paso. Posee una conexión con el arcángel Miguel, por lo que sus potentes energías curativas le ayudarán con todo tipo de hechizos para la salud y el bienestar. Ponga raíz de angélica en su altar para cualquier hechizo de sanación.

Aquilea Ptarmica (*Achillea ptarmica*) y Gipsófila (*Gypsophila paniculata*)

Las delicadas flores blancas de estas plantas tradicionalmente adornan los ramos de novia y acompañan muy bien a un ramo de rosas. Muchas brujas dejan esta flor cerca del bebé durante la ceremonia de darle un nombre, para la buena suerte. Son plantas para el romance y el amor familiar, por lo que cultivarla cerca de su altar al aire libre garantizará la armonia con sus seres queridos. Si lo que desea es atraer a una pareja o alma gemela, recoja las flores y póngaselas en el pelo, o seque las flores y déjelas en un bol dentro de casa. Otro uso mágico para esta planta es que ayuda a contactar con el mundo de los espíritus, si desea comunicarse con alguien que haya fallecido. Encender velas blancas en su altar y pedirles a los ángeles que abran las líneas de comunicación con el mundo de los espíritus suele facilitar la visión de sus seres queridos en sueños.

Iris (*Iris*)

Estas llamativas y vistosas flores poseen numerosos significados y existen cientos de especies diferentes. Si recibe una joya con motivos de iris o un ramo que los contenga, es señal de que quien se lo regala siente un profundo amor por usted. Iris es la palabra griega para arcoíris, y también el nombre de la diosa griega del arcoíris; junto con Hermes, es la mensajera de los dioses. Se dice que los iris morados se plantaban en las tumbas de mujeres recién fallecidas, para que la diosa Iris las guiara en su viaje por el inframundo.

Malvarrosa (*Alcea*)

Estas impresionantes flores se asocian desde hace tiempo con el ciclo vital y producen unas flores absolutamente espectaculares. Según el saber popular, las flores se usaban como faldas para las hadas. Pruebe a cultivar tomillo silvestre al lado de las malvarrosas; se dice que hace el mundo de las hadas visible para los humanos. Estas encantadoras plantas tienen una larga historia mágica. En épocas antiguas no solo se utilizaban por sus propiedades medicinales, sino que también se plantaban para atraer la abundancia y la riqueza. Las brujas actuales tienden a usar las flores secas en rituales de fertilidad y en pociones para el éxito en cualquier ámbito laboral. También se la considera la flor de la felicidad, así que úsela para mejorar la vida de una persona y atraer tiempos felices.

Narciso (*Narcissus*)

Estas atractivas flores son tan alegres que transforman el ambiente. En otoño plante los bulbos alrededor de su altar para la diosa, y con un poco de suerte empezarán a brotar a tiempo para el equinoccio de primavera. Como una de las primeras flores de la primavera, el narciso simboliza la fertilidad y el crecimiento; también son excelentes para los rituales de prosperidad y traen suerte y buena fortuna en abundancia. Plantar otras flores de primavera junto con unos narcisos, como jacintos de los bosques y azafranes, dará al lugar un aspecto encantador.

Menta (*Mentha*)

Para invitar a los ángeles a que acudan a su jardín, plante menta porque les encanta el aroma. Siempre es mejor plantar cualquier tipo de menta en una maceta, porque se expande y puede adueñarse de todo el jardín. Existen numerosas variedades, pero todas ellas gustan a ángeles y ayudantes espirituales. Puede usarla en rituales para el dinero y la buena suerte, dejándola en el altar o secándola y llevándola en una bolsita cuando salga de casa. Tener menta en su jardín angélico garantizará que nunca le falte nada en la vida.

ANIMALES MÁGICOS EN EL JARDÍN

Para mantener el equilibrio natural, muchas brujas acogen e intentan atraer a su jardín a insectos, pájaros y otros animales pequeños. Estas criaturas embellecerán su espacio exterior con la magia de la Madre Naturaleza.

Atraiga a las abejas

Si planta los árboles y arbustos adecuados en el jardín, estos atraerán a una multitud de insectos polinizadores. Las abejas son especialmente importantes para esta tarea porque polinizan las flores, permitiendo que las semillas germinen; sin ellas, el ser humano tendría problemas para cultivar alimentos y cosechas. Las abejas obreras solo viven de unas semanas a pocos meses, dependiendo de la época del año (las reinas llegan a los tres o cuatro años y los zánganos mueren después del apareamiento), pero durante ese tiempo, están muy atareadas asegurándose de que la naturaleza permanece en equilibrio. No solo eso, sino que nos beneficiamos de su deliciosa miel, llena de nutrientes y propiedades saludables. A muchas brujas les encantan las abejas y las atraen hacia su jardín plantando muchas de las flores que les gustan. Si desea atraerlas a su jardín, pruebe a plantar algunas las siguientes flores: aster, jacinto de bosque, arbusto de las mariposas (budlejja), borraja, azafrán, madreselva, lavatera, lavanda, viborera y arbustos del género *Mahonia*. Algunas brujas incluso tienen sus propias colmenas. Si este es su caso, podrá preparar su propia mezcla de productos para curar, comer y limpiar, así como para rituales. Asimismo, puede realizar hechizos con velas de cera de abeja, que producen muy buenos resultados. Algunas brujas únicamente usan este tipo de velas por su pureza. A continuación, comentamos algunos de los asombrosos productos naturales que nos dan las abejas, que forman parte del arsenal de la bruja para la salud y los trabajos de magia.

Propóleo

El propóleo es una sustancia marrón parecida a la resina que las abejas producen en la colmena mezclando su saliva con cera y materia vegetal, como savia o resina. El propóleo es crucial para la supervivencia de las abejas. Protege a la colmena contra enfermedades y parásitos, y refuerza la estructura. Sus propiedades antibacterianas son bien conocidas para combatir la irritación de garganta, el resfriado, el herpes labial y los dolores en general.

Esta sustancia ya se usaba por el año 300 a. e. c. y los antiguos egipcios la empleaban en el proceso de momificación. El propóleo es una panacea para las brujas, que suelen incorporarlo a sus remedios naturales en una variedad de hechizos. Representa la fuerza y la sanación y se cree que posee un gran poder curativo natural. (*Nota*: evite el propóleo si sufre de asma, tiene tendencia a las hemorragias, es alérgico a algún producto de las abejas, o dos semanas antes de una intervención quirúrgica.)

Miel

El sabor de la miel depende del tipo de flor del que las abejas obtienen el néctar, por lo que muchos apicultores cultivan flores específicas para conseguir ciertos sabores, como el de la lavanda. La miel de flores silvestres es muy apreciada porque es ecológica y por su delicioso sabor floral. Una colmena productiva puede dar hasta 28 kg de miel al año. La miel alivia la garganta irritada, especialmente mezclada con unas gotas de limón. Una cucharadita añadida a un yogur o una infusión caliente resulta refrescante. Es un ingrediente que debería estar presente en la despensa de toda bruja para cocinar, curar y para los hechizos. En el condado inglés de Devon, donde vive Leanna, es habitual que los monasterios tengan colmenas; venden la miel al público para recaudar fondos para la restauración de sus edificios históricos. El rey Carlos tiene su propia marca de miel de las colmenas de sus huertos de Highgrove, en el condado de Gloucester. A la reina le gustaba tomarla con una tostada para desayunar.

La miel es un elemento importante de la ceremonia wiccana del compromiso o atado de manos (boda). El sumo sacerdote o sacerdotisa que lleva a cabo esta unión mística toma una cucharilla de plata del altar y coge con ella un poquito de miel de un recipiente de cristal. A continuación, la pasa rápidamente por los labios de la pareja y les pide que se besen. Esto garantiza el romanticismo y la armonía en su relación.

Miel de manuka

Esta miel especial, de elevado precio, la producen las abejas que polinizan el árbol del té o manuka (*Leptospermum scoparium*), originario del
sudeste australiano y Nueva Zelanda. Sus componentes antibacterianos
hacen que destaque entre otros tipos más comunes de miel.

Hasta ahora, se ha concluido que la miel de manuka es buena para
una garganta irritada, laringitis, reflujo ácido y sinusitis. También se
está valorando su uso para quemaduras leves y el cuidado de las heridas
(aunque para este fin solo se usa miel esterilizada de calidad médica).

Jalea real

La jalea real es una secreción nutritiva de un tono blanco lechoso que
producen las abejas obreras. A todas las larvas de abeja se les da jalea
real durante los tres primeros días de vida, pero solo las destinadas a
convertirse en reina seguirán recibiéndola. Las obreras se alimentan de
polen y miel, pero la reina sigue disfrutando de la jalea real durante
toda su vida.

La jalea real se vende en frascos y en forma de cápsulas, y se considera
más un suplemento alimentario que un edulcorante. Su sabor es un poco
amargo y difiere mucho del de la miel. Se puede aplicar directamente
sobre la piel, pero podría causar una reacción alégica; lea bien las instrucciones y haga la prueba del parche antes de aplicarla e investigue.

Hasta ahora no se ha demostrado científicamente que consumir
jalea real tenga ningún beneficio para la salud humana, aunque ciertos
estudios apuntan a que podría aliviar los síntomas de la menopausia.
También se usa para los rituales para levantar el ánimo, especialmente
si se ha sentido muy decaído.

El jardín del dios y la diosa

Si le gustan los dioses y las diosas, encuentre un rincón de tierra donde pueda llevar a cabo su trabajo mágico y dispóngalo como se indica en la página 241 para el jardín angélico. Solo que, en lugar de figuras de ángeles y sus plantas y cristales asociados, tendrá que usar las que representen y tengan afinidad con sus dioses y diosas. Existen algunas impresionantes imágenes de dioses y diosas a la venta, y cualquiera de ellas sería una bonita pieza central para su altar. Podría añadir alguna fuente de agua para crear el ambiente adecuado. Las campanillas o un móvil de campanillas son otro buen detalle.

Añada flores y plantas, como el arbusto de las mariposas, para atraer a estos insectos que se cree traen esperanza y bendiciones, o bien esparza semillas de jacinto de los bosques, que cuando florecen representan el amor y la gratitud. Elija un cristal que represente al dios o la diosa de su elección y colóquela directamente sobre la tierra. Esto amplificará la energía alrededor del altar y atraerá todo lo bueno.

No mate nunca a un insecto

A la mayoría de las brujas les importa mucho el ecosistema planetario. Si miramos a nuestro alrededor, veremos hábitats naturales que están desapareciendo y siendo sustituidos por edificios y aparcamientos, e innumerables formas de vida silvestre sufren y mueren debido a la contaminación y el cambio climático. Miles de especies están en peligro de extinción. Existen más de 1,1 millones de especies de insectos en nuestro planeta, y solo entre el uno y el tres por ciento de ellos se consideran plagas. Los insectos son cruciales para la salud de la Tierra, así que debemos intentar protegerlos. Plantando muchas flores y árboles favoreceremos su supervivencia. Además de las plantas para atraer abejas y mariposas mencionadas en las páginas 245 y 248, piense en plantar algunas de estas: angélica, rudbeckia, cosmos, eneldo, aciano, menta de montaña y coreopsis.

Felinos que nos visitan

Los gatos son psíquicos y se sienten atraídos por la magia y quienes la practican. A menudo, gatos enfermos, extraviados o hambrientos visitan el jardín de una bruja para hallar un poco de paz y consuelo. Plantar hierba gatera para ellos es el equivalente a tomarse un gin-tonic: les relaja y les da paz y alegría. Los gatos callejeros saben con quién quieren estar y se establecen fuertes vínculos cuando uno de ellos visita con regularidad su jardín. Sea paciente con el gato del vecino que le visita. Sí, desentierran sus cebollas y hacen sus necesidades en sus parterres, pero es probable que su jardín sea especial y por ello sienten atracción. A pesar de que a la mayoría de las brujas les encanta la energía felina y tienen uno o dos gatos en casa, estos no se llevan bien con los pájaros y los persiguen como depredadores. Tal vez quiera añadir un cascabel al collar de su gato para advertir a los pájaros y colgar un comedero para aves en un lugar inalcanzable para el felino.

TRABAJAR EN EL JARDÍN A LA LUZ DE LA LUNA

Durante miles de años, las personas han cultivado hierbas y plantas según las fases lunares. El gran éxito que obtienen se debe a dos factores: la atracción gravitatoria de la Luna y su luz; ambas afectan al crecimiento de la planta, de las raíces a las hojas. Así es como puede usar las fases lunares en mayor beneficio de sus plantas:

- **Durante la luna nueva,** las mareas se encuentran en su punto más alto, ya que la atracción gravitatoria de la Luna tiene más fuerza en estos momentos. El agua contenida en la tierra también se ve afectada por esta atracción, por lo que es el momento perfecto para plantar. Las semillas y las raíces tienen acceso instantáneo al agua subterránea y esto les da a las plantas un impulso para crecer.

- **En la fase menguante** (antes de llegar a la luna llena), plante hojas que precisan una buena exposición a la luz, incluso durante las horas nocturnas, porque esto las hará crecer mejor.

- **En luna llena** la atracción gravitatoria de la Luna sobre el agua de la tierra se intensifica de nuevo, y eso les da a las raíces otra oportunidad de usar el agua subterránea para su beneficio.

- **A medida que la luna mengua,** la atracción gravitatoria lo hace también. Las raíces y las hojas de la planta descansan un poco y su crecimiento se enlentece.

- **Cuando llega la luna nueva** se inicia un nuevo ciclo.

Eche una ojeada a su calendario y marque la próxima fase lunar. Y por favor tome nota: ¡no tiene que plantar en la oscuridad! La energía de la fase lunar del momento está activa, tanto de día como de noche.

Un bonito ritual para llevar a cabo la primera noche de un cambio de fase, tanto si la luna es visible como si no, es tomarse unos minutos para observar el firmamento y conectar con la fuerza lunar. A algunas brujas les gusta salir de casa y sentarse en el suelo un rato para conectar con la tierra. Poniendo una mano en la tierra y alzando la otra, se sentirá un todo con el universo. Muchas brujas recitarán unas líneas, con sus propias palabras, dándoles las gracias a su deidad preferida.

Capítulo 10

Árboles místicos
y varitas mágicas

LOS ÁRBOLES SON CRUCIALES PARA EL PLANETA PORQUE son los pulmones de la Tierra —purifican el aire absorbiendo dióxido de carbono y liberando oxígeno— y son el hogar para una variedad de animales. Los árboles son también imprescindibles para las brujas. Nos gusta abrazarnos a sus troncos y sentir su vibración, o sentarnos tranquilamente debajo. (Cuando hace buen tiempo, Shawn a menudo va a sentarse bajo un árbol. Encuentre un árbol viejo, con grandes y retorcidas raíces, y ponga las manos en la tierra; sentirá la energía vibrando bajo la punta de los dedos.) También incorporamos de muchas maneras a los árboles en nuestro arte. Se pueden recoger hojas y ramitas para dejarlas en el altar, y con las ramas de mayor tamaño se pueden hacer varitas. (*Nota*: intente usar las hojas, ramitas o ramas caídas, si es posible, ¡y no deje de darle las gracias al árbol por lo que le ofrece!)

Las varas y varitas se han utilizado en magia desde hace siglos, y estos instrumentos de poder son conductores que potencian mucho más el hechizo de una bruja. Como con cualquier otro tipo de planta, cada árbol posee sus propios atributos mágicos. Con el tiempo, la bruja acumulará una serie de varitas, todas hechas con distintos tipos de madera. Se usan para trazar un círculo al inicio de un ritual y para atraer el poder de la luna. Pueden estar presentes en el altar durante cualquier hechizo o tenerlas a su lado cuando necesita la energía concreta que la madera emite.

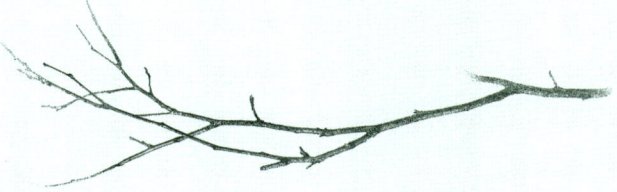

CUATRO ÁRBOLES MÁGICOS CLAVES

Hay una serie de árboles que se consideran mágicos; los cuatro siguientes son los más poderosos. Si tiene espacio para un árbol en su parcela, piense en plantar uno si es autóctono de su zona; si no, acuda a un parque o un bosque y elija el que prefiera. Puede volver al mismo lugar una y otra vez, e intentar establecer una relación con el árbol. Recuerde que son seres vivos y que cada uno posee su propia alma y personalidad, y muchos espíritus de la naturaleza residen entre sus raíces.

Espino (*Crataegus*)

Este género espinoso de arbustos o pequeños árboles es muy estimado en la brujería. El árbol produce flores blancas, rosas o rojas y unas bayas rojas que hace tiempo se usan para tratar temas cardíacos y circulatorios. (*Nota*: nunca se automedique con espino; puede producir efectos secundarios e interactuar con algunos medicamentos. Consulte primero a su médico.)

El espino es también fuente de mitos y misterios. Según el folclore irlandés, es uno de varios árboles (o arbustos) que induce al sueño y abre un portal al mundo de las hadas. En *The Fairy Thorn*, la antigua balada de sir Samuel Ferguson, un grupo de muchachas se escabullen de sus tareas para cantar y bailar en el bosque. Por desgracia, caen en un estado de trance y tres de ellas ven impotentes como las hadas se llevan a su amiga Anna Grace, ¡que no volvió a ser vista jamás!

El espino es el árbol de las hadas, y la leyenda dice que dañar a un espino atraerá la ira de las hadas contra el agresor.

El espino en la magia

- **Hacer el amor bajo un espino** se cree que favorece la fertilidad. Si necesita intimidad, ponga unas hojas del árbol cerca de su cama.

- **Lance hechizos de amor escribiendo las cualidades** de su pareja ideal en un papel y entiérrelo bajo un espino.

- **Evite que las malas energías entren en su hogar** plantando un espino cerca de la parte delantera de la casa.

- **Proteja a los bebés en su cuna de los malos espíritus** secando flores de espino y dejándolas en un bol cerca de la cuna (¡pero lejos del alcance del niño!).

- **Talle una poderosa varita con la rama de un espino,** que consagrará su altar.

- **Ponga unas piedras o cristales formando un círculo** bajo el árbol para las hadas y los duendes.

Manzano (*Malus domestica*)

La manzana ha tenido mala fama desde la historia de Adán y Eva. Sí, le han colgado este sambenito, pero en el fondo, la energía del manzano nos invita a preguntarnos qué nos hemos negado a nosotros mismos.

¿A qué tipo de placeres hemos renunciado, creyéndolos demasiado peligrosos o incómodos?

Por supuesto, los límites son algo bueno. Evitan que nos hagamos daño a nosotros mismos y a los demás. Pero a veces nos imponemos restricciones sin otra razón más que la creencia de que no podemos alcanzar ciertos objetivos. Tal vez desee contemplar la vista desde la cima de una montaña, pero cree que no es capaz de subir, aunque nunca lo haya intentado. Quizás piensa en dejar su trabajo por una nueva profesión que le atrae más, pero tiene miedo de lo que la gente podría decir, o del posible fracaso. Quizás solo quiere probar un nuevo corte de pelo, ¡pero teme la reacción de sus seres queridos!

La mayoría de nosotros tenemos deseos sinceros que somos perfectamente capaces de realizar, pero que no nos atrevemos a llevar a cabo. Las manzanas nos animan a pensar en esas aspiraciones y a decidir de una vez por todas: ¿seremos valientes con nuestra ambición, o dejaremos esos antiguos deseos a un lado para siempre?

El manzano y la magia

- **Ponga una manzana en su altar para atraer el amor.** Deje la manzana sobre una tabla de cortar, de lado (el tallo apuntando hacia la derecha o la izquierda). Corte la manzana por la mitad y verá la forma de un pentáculo. Deje ambas mitades en el altar cuando lance un hechizo de amor y la manzana atraerá más magia hacia su hechizo.

- **Incluya semillas de manzana en los hechizos de protección,** ya que son conocidas por sus propiedades protectoras. Ponga algunas semillas en el interior de amuletos mágicos o bolsitas, para potenciarlos.

- **Las manzanas son una perfecta decoración para Samhain,** porque representan la abundancia, protección, amor y felicidad, así que seque algunas rodajas de manzana y trence una guirnalda de otoño junto con algunas flores de la estación. Cuelgue la guirnalda de la puerta de entrada para que la abundancia acuda a su hogar.

- **Pida lo que necesite.** En Samhain, corte una manzana por la mitad como hemos comentado arriba. Para atraer la buena fortuna, coma una mitad y entierre la otra; de este modo atraerá exactamente lo que necesita de la vida.

Sándalo indio (*Santalum album*)

El sándalo es uno de los árboles más valiosos que existen en nuestro planeta. El aceite que se destila del mismo tiene un familiar aroma a madera y múltiples usos, desde perfumes y colonias hasta ambientadores. Es un árbol de crecimiento muy lento, puede tardar de cincuenta a ochenta años en alcanzar la madurez. La desventaja de este crecimiento lento es que los árboles más jóvenes se talan en exceso y ahora se encuentra en peligro de extinción. En sus regiones autóctonas del sudeste asiático, el sándalo se extrae para obtener virutas, polvo y aceite esencial. El nag champa —probablemente el incienso más popular de todos— es una mezcla de madera de sándalo y otros aromas florales; se usa en magia y hechizos en todo el mundo. En la India usan la madera de sándalo para complejas tallas que se depositan en piras funerarias y como pasta para untar en los rituales hindúes.

La medicina tradicional china y la ayurvédica han usado sándalo durante siglos para tratar trastornos digestivos y hepáticos, temas respiratorios, infecciones del tracto urinario y erupciones cutáneas. Unos hallazgos médicos más recientes indican que el sándalo contribuye a calmar la ansiedad, favorece el estar consciente y alerta, sana las heridas aumentando el crecimiento y la renovación celular, e incluso puede ayudar a matar células cancerosas de la piel. (*Nota:* mientras los estudios continúan, como siempre, consulte con su profesional médico antes de emprender cualquier tratamiento que lleve sándalo.)

El sándalo en la magia

- **Como incienso, el sándalo protege** contra los malos espíritus y se usa en rituales de exorcismo.

- **Si mezcla sándalo con lavanda,** invocará a espíritus protectores que le ayudarán.

- **Queme incienso de sándalo o espolvoree** con sándalo en polvo el exterior de su casa como protección.

- **Queme un trozo de madera de sándalo** para favorecer las visiones psíquicas o la claridad mental durante una meditación.

- **El sándalo le puede ayudar** a conseguir las cosas que más desea, escribiendo su deseo en un trozo de corteza.

Sauce (*Salix*)

El sauce es un árbol muy elegante, que se inclina y se dobla ante las fuerzas de la naturaleza, año tras año. Con sus profundas raíces, el sauce extrae agua de su entorno y, por supuesto, estas raíces le permiten adaptarse a casi cualquier tipo de clima sin demasiado esfuerzo.

El sauce nos enseña a capear las tormentas emocionales manteniendo nuestro aplomo y dignidad. Nos anima a fluir, a seguir la corriente, y nos recuerda que incluso después de una serie de épocas difíciles, seguiremos en pie y manteniendo nuestro orgullo.

Si tiene un sauce en su jardín o ve uno en un parque, póngase debajo. Observe cómo se mueve con el viento sin oponer demasiada resistencia. Esto no significa que deba permitir que le pisen, pero tampoco se deje llevar por las emociones. Piense en la forma en la que el sauce se mueve como una lenta inhalación y exhalación de energía. Visualícelo la próxima vez que esté luchando contra el enfado o la ira. Igual que hace el sauce, puede aprender a cambiar la energía en un momento y soltarla.

El sauce en la magia

- **Calme sus emociones con sauce;** si se enoja o sufre una gran ansiedad, la magia de una hoja de sauce tendrá un efecto tranquilizador.

- **Las personas solteras que desean atraer el amor** pueden llevar un poquito de corteza de sauce encima, o en una bolsita.

- **Protéjase del mal y de las pesadillas;** tanto las hojas como la corteza del sauce protegen contra el mal y los ataques psíquicos. Duerma con una ramita de sauce bajo la cama o seque algunas hojas y póngalas en un bol en su mesita de noche. Tendrá sueños apacibles y estará protegido toda la noche.

- **Conecte con su yo interior.** El encantador sauce despierta su inspiración y le ayuda a conectar con su lado femenino. Ponga cualquier parte del árbol en su altar cuando lance un hechizo.

CÓMO TALLAR SU PROPIA VARITA

Tallar una vara es un ejercicio tan relajante que es realmente bueno para el alma. Por eso, no es raro que muchas brujas tallen algunas varitas extra y las vendan por Internet. Cuando compre una de un vendedor acreditado, puede estar seguro de que contendrá buena energía, pero si quiere conectar con su varita en un nivel más espiritual, no hay mejor manera que tallar la suya propia. Las mejores se suelen tallar de una rama, sea del tamaño que sea, que haya caído del árbol. Se retira con cuidado la corteza y se frota con papel de lija para alisarla. Puede pintar la vara, barnizarla y decorarla (*véase* la página siguiente).

Dé un paseo por el bosque, por un parque o algún lugar cercano, donde haya árboles de varios tipos. Mientras camina tome consciencia de cómo se siente, y acérquese a los árboles que le llamen la atención. Siempre que yo (Leanna) busco una nueva varita, pongo las manos en el tronco del árbol para ver si capto la energía que emana. A veces noto un cosquilleo, o siento una conexión instantánea. Tiene que tocar e inspeccionar las ramas; puede

parecer raro, pero intente hablar telepáticamente con el árbol. Asimismo se puede sentir atraído por una rama que haya caído al suelo. Si fuera así, recójala y examínela. Aunque tradicionalmente la varita debería tener el largo que va desde el codo hasta la punta del dedo medio —unos 33 cm—, a mí el tamaño nunca me ha parecido importante. Siempre y cuando sienta alguna conexión con el árbol, esté tranquilo; esto es lo que de verdad cuenta.

Una vez se haya decidido por una rama, lo más importante es preguntarle en silencio al árbol si puede llevársela. No es de buena educación coger lo que a uno le apetece y llevárselo a casa; tiene que respetar el hecho de que el árbol es un ser vivo. Si siente que le da permiso, agradézcaselo.

¡Manos a la obra!

Estos son los pasos para tallar su propia varita:

1. **TÁLLELA:** con un cuchillo bien afilado retire con cuidado la corteza para revelar la madera de su interior (tenga en cuenta que puede tardar un buen rato).

2. **LÍJELA:** frote la vara con papel de lija hasta que esté perfectamente lisa (esto también puede tomar su tiempo).

3. **BARNÍCELA O PÍNTELA:** puede usar un barniz trasparente si desea mantener el aspecto natural, o pintarla con un barniz de color o una pintura satinada. Si piensa darle un fin específico a la varita, elija el color que mejor se ajuste a su hechizo:

   - **AZUL:** para hechizos de familia y amistades
   - **VERDE:** para hechizos de dinero y riqueza
   - **AMARILLO:** para hechizos de salud y bienestar
   - **ROSA:** para hechizos de amor, matrimonio y relaciones
   - **ROJO:** para hechizos de trabajo y negocios
   - **VIOLETA:** para hechizos relativos a temas espirituales

4. **DECÓRELA:** esta es su varita, así que puede decorarla como le apetezca. Puede pegar unos cristalitos o ponerle purpurina, envolverla con alambre plateado o dorado, fijar unas plumas en la base, atarle unas cintas… Use su imaginación.

5. **BENDÍGALA Y OTÓRGUELE PODER:** cuando su vara esté terminada, es importante bendecirla y otorgarle poder. Salga al aire libre al atardecer y sostenga su varita en ambas manos. Repita tres veces este mantra:

> *«Invoco las energías del cosmos*
> *Para que le infundan magia a esta vara.*
>
> *Da paso a su poder esta noche, bajo la luz de la luna».*

Una vez dichas estas palabras, deje con cuidado la vara en la tierra (o si vive en un piso, en el alféizar de una ventana bañada por la luz lunar) y déjela toda la noche para que absorba los rayos de la luna.

Cuanto más trabajos mágicos realice con su varita, más poderosa se volverá, así que empiece a usarla ahora mismo.

Trazar un círculo antes de un hechizo

Sea cual sea el hechizo que lance, después de colocar todos los objetos en su altar tome la varita con la mano derecha y agítela sobre ellos en el sentido de las agujas del reloj. Esta práctica crea un campo de fuerza protectora y evita la contaminación de su hechizo por parte de algo que se halle fuera del círculo. Cuando el hechizo está completo, puede guardar la varita envolviéndola en un retal de tela bonito o, si prefiere que esté a la vista, encuentre un lugar especial en la casa para ella. Leanna tiene una preciosa vitrina donde guarda todas sus varitas.

Empecé a tallar varitas cuando de joven empecé a interesarme por la wicca, y no hay nada más satisfactorio que tener en la mano tu propia creación. Siempre me gusta dormir unas semanas con mi nueva varita cerca de la cama, pero es que me obsesiona un poco el tema y tengo montones en mi colección. Es extraño, pero durante el proceso de talla siento una profunda conexión con la naturaleza, y después noto que mi cuerpo está lleno de una potente magia. También tengo sueños muy vívidos durante las noches siguientes; estoy convencida de que mientras tallamos una varita mágica pasan muchas cosas en el plano espiritual. Otra cosa de la que estoy segura es que esta varita le prestará servicio, a su arte y a usted, durante toda la vida, así que salga de casa, camine por el bosque y encuentre a su nueva mejor amiga.

TIPOS DE MADERA
PARA UNA VARITA

Con tantas variedades de árboles en el mundo, tendría que ser un experto para reconocer a primera vista de qué tipo se trata. Por suerte hoy día lo tenemos fácil. Existen numerosas aplicaciones que puede descargar en su móvil, y sacando una foto del árbol, la aplicación identificará la especie al momento. Después podrá investigar y descubrir las propiedades de la madera e incorporarlas a su trabajo mágico.

Abedul (*Betula*)

Las brujas europeas tienden a usar varitas hechas de abedul —a veces se le llama «la dama de los bosques»— para alejar a los malos espíritus, pero por lo general se considera que ayuda a calmar las emociones y a purificar el lugar donde se encuentra. Cuando una bruja está triste, usará esta varita para eliminar cualquier negatividad, invocando otras formas de pensar. Simplemente teniendo una varita de abedul en casa, esta actuará como limpiadora y mantendrá la propiedad libre de malas vibraciones.

Abeto (*Abies*)

Esta varita responde bien a personas estables y fiables. Si usted suele estar en las nubes, puede que no sea la adecuada, porque funciona mejor para quien posee sólidas cualidades de liderazgo. Es popular entre los brujos que desean aliviar los males del mundo. Yo tengo un maravilloso amigo que guarda esta varita exclusivamente para hechizos para animales y para aliviar su sufrimiento.

Álamo (*Populus*)

El álamo tiene una energía muy moral y solo funcionará con una persona de la más elevada integridad y visión. Resulta útil cuando la bruja quiere atraer la sabiduría o desvelar algún secreto oculto. También funciona si ha perdido algo que no encuentra. Simplemente sujete la varita y pídale que le oriente. Úsela en un sábado cuando quiera lanzar un hechizo de protección y seguridad. Leanne preparó unas varitas diminutas para sus hijos cuando eran pequeños, para que las llevaran en sus mochilas cuando estaban lejos de casa.

Alerce (*Larix*)

Las varitas de alerce son buenas para fortalecer la confianza y se usan en hechizos en que la persona tiene que pasar un examen o acudir a una entrevista de trabajo. Abre los canales de comunicación y sube la autoestima. Algunas brujas la usan también para conectar con su musa, sobre todo cuando trabajan en algún proyecto creativo.

Aliso (*Alnus*)

Usado básicamente para representar los elementos en el altar, una varita de aliso es perfecta para los hechizos de protección, para reforzar sus habilidades psíquicas o atraer la prosperidad si tiene problemas de dinero. Cuando Leanna realiza una lectura, siempre tiene su varita de aliso cerca porque la ayuda a sintonizar con la vida de la persona.

Arce (*Acer*)

Esta es una varita muy animada, que prefiere que su dueño se desplace de un lugar a otro. Responde a diferentes climas, aventuras y desafíos. Por ello, si usted es una persona tranquila que le gusta quedarse en casa, seguramente no será la varita adecuada para usted. Úsela para hechizos de nuevos inicios, para eliminar antiguos problemas y emprender un nuevo camino.

Avellano (*Corylus*)

Una varita muy sensible entregada a su dueño y que a menudo se niega a trabajar para otra persona, por lo que es probable que una bruja sea enterrada con ella. Es una vara que se puede usar también para la radiestesia y se dice que emite una neblina etérea sobre fuentes de agua no descubiertas. Funciona muy bien para los hechizos relacionados con bienes raíces o si una mudanza está bloqueada; igual que la varita de aliso, favorece la videncia si se deja sobre la mesa durante una lectura.

Castaño (*Castanea*)

Esta varita tiene múltiples usos y es excelente para rituales para sanar y calmar las emociones. Produce un efecto calmante y es muy buena para aliviar los disgustos en el hogar. Por alguna razón, funciona excepcionalmente bien para los brujos con dotes psíquicas que realizan viajes astrales y predicen acontecimientos futuros.

Cedro (*Cedrus*)

Esta varita invoca el dinero y la riqueza y es adecuada para rituales para fortalecer la economía. También se usa en hechizos para mejorar los negocios y los ingresos, y funciona muy bien teniendo una maceta de albahaca cerca. Úsela para un hechizo de amor para otra persona o para protegerse contra el mal de ojo.

Cornejo (*Cornus*)

Esta atractiva madera, con sus vivos colores rojizos, produce una magia encantadora para el optimismo y el bienestar. Le gusta que le den instrucciones, así que es mejor usarla para cualquier hechizo verbal para aliviar la depresión, levantar los ánimos y alejar las emociones negativas.

Espino (*Crataegus*)

Asociada con las hadas y los espíritus de la naturaleza, es mejor usar esta varita para hechizos al aire libre o para proteger a los animales. A Leanna le gusta usarla cuando quiere lanzar un hechizo para alguno de sus amigos. Tanto si su mascota tiene problemas de conducta como si está enferma (acuda también al veterinario), esta poderosa varita nunca falla.

Fresno (*Fraxinus*)

La varita de fresno es muy leal a su propietario, así que es mejor no prestársela a nadie porque podría negarse a funcionar. Es una potente sanadora y se puede usar junto con reiki u otras prácticas de sanación. Aunque posee otras propiedades, guarde su varita de fresno exclusivamente para sus rituales de sanación, ya sea esta emocional o física.

Haya (*Fagus*)

Muchos creen que la madera de haya posee una energía artística, por lo que se ajusta a las personas que trabajan con el arte, la escultura o cualquier otro campo creativo. La rama de haya produce una atractiva varita, que dará alegría y felicidad a quien la posea. Úsela en hechizos para favorecer la creatividad y dé rienda suelta a su imaginación. Leanna tiene una al lado del ordenador cuando escribe, porque la inspira.

Hiedra (*Hedera*)

Aunque la hiedra no es un árbol ni un arbusto (en realidad es una enredadera leñosa), algunas especies tienen tallos gruesos, como ramas de madera. Las varitas de hiedra son místicas y mágicas y funcionan bien para las mujeres brujas, porque se asocian con lo femenino. Se pueden usar en magia amorosa o para sanar relaciones rotas, así como en rituales en que alguien precisa invocar su fuerza interior. Posee propiedades protectoras y es una gran sanadora. Esta es probablemente una de las favoritas de Leanna, por su versatilidad y porque le da un poco más de fuerza extra a cualquier hechizo.

Lila (*Syringa vulgaris*)

Esta madera está regida por Venus y es muy adecuada para cualquier hechizo de amor. Funciona especialmente bien para crear armonía después de un divorcio o para ayudar a la persona cuando una relación ha terminado. Posee el don de calmar los nervios crispados, aplaca los ánimos y permite ver las cosas con claridad. Otras de sus cualidades son limpiar lugares encantados y desterrar espíritus no deseados.

Manzano (*Malus domestica*)

La madera de manzano es poderosa y posee numerosas propiedades. No funciona para todo el mundo porque su vibración es elevadísima, lo que significa que se precisa tiempo —meses o incluso a veces un año— para conectar con ella. Deberá ser paciente. Una vez establezca una relación con la varita, úsela para rituales de fertilidad, adivinación y cualquier cosa relativa al amor y a los asuntos del corazón.

Olmo (*Ulmus*)

Si es usted experto en sus prácticas mágicas, esta varita le servirá. Requiere un propietario seguro de sí mismo y que conozca a fondo su arte; solo entonces le servirá.

Es fantástica para los hechizos para aliviar la soledad o para atraer nuevas amistades. A menudo las varitas de olmo son más pequeñas de lo normal, y eso resulta útil porque puede llevarlas en el bolso para darle un toque de confianza extra.

Roble (*Quercus*)

Esta es una varita obligatoria para cualquier bruja. Es tradicional, es potente y le ayudará en tiempos difíciles. Si se enfrenta a cualquier situación problemática, meditar con una varita de roble le dará fuerzas y le guiará a través de los obstáculos para que pueda continuar su camino. Úsela en hechizos para eliminar obstáculos y para invocar la fuerza cuando esta es necesaria.

Sauce (*Salix*)

El sauce es sagrado para la luna y la diosa, por lo que su varita es excelente para cualquier tipo de magia lunar o hechizos realizados a la luz de la luna. Es una varita esencial para usar cuando alguien ha pasado dificultades o una enfermedad, ya que es capaz de cambiar una mala experiencia en otra positiva. Fortalece y aumenta la resistencia, es sanadora y calma los pensamientos desagradables.

Saúco (*Sambucus*)

Numerosas brujas, incluso las más expertas, han tenido problemas con esta varita. A veces puede no responder y pasar un largo tiempo antes de conectar con su propietario. Si tiene la suerte de tener una que le funcione, úsela para hechizos de felicidad y contento, para eliminar preocupaciones, o para exorcismos o lugares encantados, y después cuéntenos su secreto, ¡porque la de Leanna lleva años inactiva!

Serbal (*Sorbus*)

Probablemente esta sea la varita más potente de todas, y le recomendamos a toda bruja que tenga una. Posee cualidades asombrosas y crea un escudo contra todo tipo de mal o cualquier cosa negativa. También posee propiedades curativas, así que es apropiado usarla cuando alguien no se encuentra bien; atrae el éxito y favorece las capacidades psíquicas. Es especialmente buena para los hechizos contra vecinos alborotadores, parejas violentas, ladrones y comerciantes sin escrúpulos.

Tejo (*Taxus*)

Según la tradición, hay que tallar la varita de tejo de sus raíces, no de las ramas, que se recogen cuando un tejo es arrancado durante una tormenta. Por lo general son retorcidas y nudosas, e increíblemente bonitas, pero en el pasado las usaban los hechiceros que practicaban la magia negra. Leanna no tiene ninguna varita de tejo en su colección, pero actualmente se usa más para protegerse contra las artes mágicas oscuras, motivo por el cual tal vez haya tantos tejos en los cementerios ingleses. Si cree que le han lanzado una maldición o ha pasado por una racha de mala suerte, use esta varita para alejar las energías oscuras.

Capítulo 11

Animales mágicos

DURANTE SIGLOS, LOS ANIMALES Y LAS BRUJAS HAN mantenido estrechos lazos, especialmente con los gatos, porque son psíquicos y se sienten atraídos por quienes practican la magia. La mayoría de brujas sentimos una gran afinidad con ellos. Una verdadera bruja intentará tener al menos un animal como compañero, o espíritu familiar. Muchas de las brujas modernas creen que toda criatura tiene un alma, desde el insecto más diminuto hasta las bestias más enormes. Dentro de cada especie, cada individuo tiene su propia personalidad, igual que los humanos, con sus propios gestos, rarezas y comportamientos. Esto se hace evidente si alguna vez ha tenido usted un perro o un gato.

Las brujas creen también en lo de «no hacer daño a nadie», y eso incluye todas los seres vivos del planeta. Algunas lo practican haciéndose vegetarianas o veganas, mientras que otras lo demuestran de un modo más general, asegurándose de no dañar jamás, intencionalmente, a otro ser vivo. Nuestros animales no tienen elección, así que debemos intentar tratarlos con respeto y cariño; a su vez, ellos nos recompensarán con su lealtad.

Incluso los animales que nos dan miedo tienen alma y derecho a ser apreciados. Así que, si por ejemplo ve a una enorme araña negra en la bañera, no la tire por el desagüe; encuentre la forma de recogerla y llevarla al exterior. Ahora que hablamos de arañas, las brujas creen que son uno de los pocos animales de la tierra que entienden el lenguaje humano. Muchas veces, si les pedimos amablemente que se vayan, nos hacen caso y se van. Imagine lo aterrador que debe ser si eres una diminuta araña, ver a un gigante que intenta golpearte con una enorme zapatilla. Intente ponerse en su lugar e imagínese como se sentiría. Su aspecto quizás da miedo, pero ellas no pueden evitarlo.

Cualquier insecto, ya sea una polilla, una hormiga o un diminuto escarabajo, tiene derecho a existir. A veces, cuando se producen infestaciones, debemos replantearnos nuestros métodos porque no resulta práctico compartir el mismo espacio. Si alguna vez se encuentra en esta situación, intente tratarlos lo más humanamente posible. Es triste, y es algo que les resulta difícil a muchas brujas de todo el mundo.

SINTONICE CON EL MUNDO ANIMAL

Es muy beneficioso para nuestra alma interactuar y relacionarse con el reino animal. Si tiene la suerte de tener un jardín, empiece dando de comer a los pájaros. Puede adquirir un soporte o comedero para pájaros, comprar algunos frutos secos (crudos, sin tostar) y colgarlos de comederos especiales para pájaros para disuadir a las ardillas. Incluso los que no disponen de un jardín pueden dejar pequeños comederos en el alféizar de las ventanas. Una vez sus amigos empiecen a visitarle, volverán año tras año hasta que usted haya alimentado a numerosas generaciones de pájaros. Quizás desee atraer también a los erizos a su jardín; las brujas británicas lo consideran algo muy afortunado.

Otra manera de conectar con la vibración de los animales es pasear por los bosques. Salir al aire libre, en plena naturaleza, es una forma estupenda de sintonizar con la vibración animal. Siéntese en silencio bajo un árbol y ponga las manos en el suelo. Bajo sus dedos habrá un montón de animalitos, minúsculos insectos que sentirán curiosidad por la energía que usted emite. Escuche el canto de los pájaros y envíeles mentalmente un mensaje de amor. Todo pensamiento está vivo, y aunque todavía no existen pruebas científicas, las brujas creen que los animales se comunican en una especie de nivel telepático, así que si les envía buena energía, la recibirán.

NUESTRAS QUERIDAS MASCOTAS

Si alguna vez ha acudido a un refugio para animales en busca de un nuevo animal de compañía, es probable que haya sentido una atracción inmediata por algún perro o gato. Esto ocurre de forma natural cuando sintoniza con la energía y la vibración del animal. En esos momentos debemos confiar en nuestros instintos y prestar atención a nuestra verdad interior. Una vez elegida, pasamos a establecer fuertes lazos con nuestras mascotas: se convierten en nuestros hijos y con el tiempo llegamos a quererlos tanto que, literalmente, parece que se nos desborda el corazón.

Encontrar la mascota adecuada para usted

No todas las brujas son capaces de sintonizar psíquicamente con los animales, así que si quiere asegurarse de que elige la mascota adecuada para usted, podría realizar de antemano este breve ritual. La fluorita probablemente sea el mejor cristal para ello, porque despeja la mente y le da claridad para concentrarse en la tarea que tiene entre manos.

MATERIALES

1 fluorita pequeña
1 trozo de papel y bolígrafo
1 encendedor
1 bol ignífugo
1 bolsita con cierre de cordón

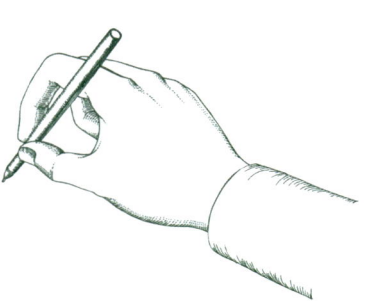

RITUAL

Escriba en el papel el siguiente encantamiento:

*«Soy luz, soy libre,
despejo la mente para poder ver
al animal adecuado, venir hacia mí,
con amor y bendiciones, que así sea».*

Sosteniendo el cristal en la mano, coja el resto de los objetos y salga fuera de casa. No importa donde vaya, simplemente encuentre un lugar donde pueda estar solo unos minutos. Repita el encantamiento tres veces, ponga el papel en el bol y préndale fuego. Observe el humo que asciende y las cenizas. Ha transmitido su mensaje al universo.

Una vez se hayan enfriado las cenizas, póngalas en la bolsita con la fluorita y llévelo consigo cuando acuda al refugio de animales o al criador. Una vez llegue a su destino, esparza las cenizas por el suelo antes de entrar y sostenga el cristal en la mano todo el rato.

Preste atención a cómo se siente cuando se encuentre con los animales. Pase todo el rato que quiera con cada uno de ellos y, si se lo permiten, acarícielos. Podría haber uno o dos que instintivamente sabe que no son para usted. Para ayudarle a encontrar un hogar adecuado, envíele pensamientos positivos al animal y el deseo de que encuentren la compañía humana perfecta. Este es un momento importante de su vida porque está buscando a un nuevo miembro de su familia. No se apresure y siga indagando, para ver si detecta una señal de que ha encontrado el adecuado. Las brujas creen que todo ocurre por algún motivo, así que es seguro decir que mientras usted está tomando esta importante decisión, su ayudante del mundo espiritual estará a su lado, guiándole en la dirección correcta.

Conecte con su mascota

La vida de las mascotas es mucho más breve que la nuestra, así que la bruja tiende a prodigar un cuidado especial a sus amigos peludos, ofreciéndoles mucho cariño y dedicación. A las brujas también les gusta sentarse tranquilamente con sus mascotas y practicar el arte de la comunicación telepática. Esto puede resultar muy útil, sobre todo si su mascota proviene de un refugio para animales. Puede que tenga un mal hábito que le gustaría corregir, o quizás quiera disipar cualquier temor que pueda sentir.

Sea cual sea la raza de su mascota, este ritual le permitirá establecer una conexión.

RITUAL

Para empezar, siéntese con su mascota en el regazo o a su lado. Asegúrese de que esté relajado y sin distracciones. Si lo desea, ponga un poco de música suave, para crear el ambiente adecuado.

Cierre los ojos y ponga la mano suavemente en su lomo. Si a su mascota no le gusta que le toquen, ponga la mano sobre el lomo sin llegar a tocarle. Despeje la mente e imagínese que ambos se encuentran en el interior de una gran burbuja dorada.

Mentalmente pídale a su guía que permanezca a su lado y que a través de su mano envíe rayos amorosos y curativos a su mascota. Sabrá cuándo está funcionando porque el animal se relajará, o inclusó se estremecerá un poco.

Dígale de forma telepática a su mascota cuánto le quiere, y que siempre estará allí para cuidarle. Pídale que confíe en usted.

Si hay algo especial que quiera decirle, este es el momento. Si está nervioso, dígale que nunca dejará que nada le haga daño; si está excitado, pídale que se calme. Si aún no está adiestrado, podría incluso pedirle que haga sus necesidades fuera de casa, en lugar de sobre la alfombra.

Si ha establecido una comunicación con su mascota, es posible que de repente le venga un pensamiento o un mensaje a la cabeza. Durante este tiempo de conexión preste atención a todo lo que le venga a la mente, ¡porque su mascota podría estar intentando comunicarse! Podría decirle que necesita más ejercicio, o que no le gusta que los niños griten. No descarte estas sensaciones; simplemente conteste diciendo que hará lo que pueda para cambiar las cosas.

Permanezca en su burbuja dorada todo el rato que pueda, o hasta que su mascota ya haya tenido suficiente y se marche.

Con el tiempo, esta forma de comunicación mágica realmente funciona. Puede que tenga que repetir diariamente el ejercicio unos meses, hasta que el animal le reconozca y le acepte como parte de su vida. Los animales responden muy bien a los cristales, por lo que algunas brujas realizan este ejercicio con una amatista a su lado. Si quiere saber más sobre el tema, descubrirá todos los tipos diferentes de cristales que puede usar con sus mascota en uno de nuestros libros: *La bruja de los cristales*.

Estoy segura de que muchos de ustedes con algún amigo peludo ya lo hacen, pero para aquellos que no, es importante comunicarse con ellos de forma verbal. A los perros y los gatos en especial les encanta que les hablen. Déles siempre los buenos días, no deje nunca de decirles cuánto les quiere, y déles un beso de buenas noches. Acaríacielos y abrácelos todo lo posible. (Acariciar la piel de un animal y oírle respirar o ronronear aliviará y alejará cualquier tensión que usted sienta.) Tiene que comprimir toda una vida de cariño en los pocos años que viven en este planeta.

EL DUELO POR UN ANIMAL — SANAR UN CORAZÓN ROTO

Puesto que este libro trata sobre el bienestar desde una perspectiva mágica, creemos que es adecuado hablar sobre la conexión emocional que mantenemos con nuestros animales. Muchas brujas desarrollan relaciones de afecto duraderas con sus mascotas, y esto nos da un gran placer y consuelo a lo largo de nuestras vidas. Por supuesto, a pesar de la felicidad que nos aportan, el dolor de verlos envejecer y morir puede ser realmente devastador.

Si su mascota ha fallecido, sin duda alguna sentirá tristeza. Puede resultar abrumador y traumático, y quizás no recibamos el mismo consuelo de las personas de nuestro entorno como si el fallecido fuera un familiar humano. La mayoría de las brujas cree firmemente que cuando nos llegue la hora de morir, veremos de nuevo a nuestras amadas mascotas. Sabemos que hay un lugar especial en el mundo espiritual creado exclusivamente para el reino animal. Muchos lo conocen como el Puente del Arcoíris, una supuesta pradera celestial con un maravilloso paisaje, donde su mascota vive hasta que se reúna con usted a su muerte. Si ha leído *The Witch's Way*, otro de los libros que escribimos juntas, encontrará una mejor descripción de cómo supimos del Puente del Arcoíris y de su importancia. Es un pensamiento reconfortante, saber que existe un lugar en el otro mundo solo para animales. Muchos amantes de los animales, al morir, cuidarán de nuestras mascotas hasta que volvamos a reunirnos con ellas. El tiempo pasa mucho más rápidamente para nuestras mascotas fallecidas y parece que les entusiasma la idea de volver a vernos. Hasta entonces, nos pueden

visitar en el plano astral y aparecer en sueños. Tampoco es raro que anuncien su presencia de forma vocal. Muchas personas han oído un ladrido o maullido familiar después de fallecido el animal, y algunos incluso han sentido un peso en la cama donde solía dormir su mascota.

Es natural pasar un duelo tras perder a un animal, así que no les haga caso a quien le diga: «Si solo es un gato, por el amor de Dios», o «Solo es un perro, ¡contrólate!». Esta pequeña alma formaba parte de su familia, y tiene todo al derecho a estar triste; es natural amarles y echarles de menos. Pero, si su duelo se prolonga y no consigue recuperarse, existen maneras mágicas de aliviar el dolor. Este tipo de hechizos no eliminará sus emociones, pero le dejarán con una sensación de paz y le ayudarán a pensar en el animal sin venirse abajo. Estos rituales le ayudarán a controlar sus emociones y a aceptar su pérdida.

Las cenizas del animal

Tanto si decide enterrar a su mascota como incinerarla, muchas brujas compran o preparan ellas mismas pequeñas lápidas o placas para sus animales domésticos fallecidos. Graban en ellas el nombre del animal y tal vez añaden una fotografía. Si tiene un jardín, busque un rincón bonito para su mascota. Puede plantar un pequeño arbusto o algunos bulbos de flores en una maceta y dejarla allí cerca.

Si no tiene un jardín, piense en un cementerio para animales, que son hermosos lugares creados con sensibilidad para mantener vivo el recuerdo de los animales para sus dueños y los niños de las familias que los han perdido. Cuando visite su lugar de descanso final, ponga algunos cristales

en la tierra donde esparció las cenizas, o donde estén enterrados. Algunos de los que puede usar son la crisoprasa, malaquita, rodocrosita y cuarzo rosa (*véase* pág. 284).

También puede acudir a una playa y recoger trozos de madera a la deriva, conchas o guijarros, y pintarlos con el símbolo del pentagrama como protección para la mascota fallecida. O bien recortar una imagen del animal y pegarla en la superficie plana de un guijarro. Para asegurarse de que no pierde el color, aplique una capa de barniz marino, y déjelo sobre la tierra. Entonces podrá esparcir las cenizas de su mascota a su alrededor.

Lo único que no le recomendaríamos es guardar demasiado tiempo las cenizas en casa. Si le es posible, espárzalas por su lugar de descanso final. Podría ser el jardín donde jugaban, o el campo por el que solía pasear. Recuerde, se encuentran en el mejor de los lugares, sin límites ni restricciones. Libere sus cenizas y alégrese de que se hayan ido.

La despedida

Las ceremonias y los rituales tienen el don de hacerle sentir mejor, sobre todo cuando ya no queda nada práctico que hacer.

Permanezca frente a la tumba de su mascota y déles una foto del animal a cada miembro de la familia presente. Sostenga la fotografía sobre el corazón y pida a cada persona que espolvoree un poco de sal (para la purificación) por la tierra donde esparcirá las cenizas. Diga estas palabras en voz alta:

«Mi corazón entristecido se recompondrá,
mientras tu espíritu vuela por el cielo,
bendito seas, mi querido amigo;
te beso y me despido de ti».

A continuación, bese la fotografía. Después enmárquelas todas y distribúyalas por la casa. Asegúrese de cuidar del lugar con regularidad y mantenerlo bonito.

Aliviar el dolor y la tristeza

Este es otro ritual que puede hacer para aliviar el dolor de perder a un animal. La mezcla de hierbas y aceite produce un efecto calmante y, combinados, le elevarán el ánimo.

MATERIALES

1 cucharadita de lavanda seca

1 cucharadita de cilantro seco

1 cucharadita de manzanilla seca

1 cucharadita de albahaca seca

7 gotas de aceite esencial de rosa

1 bolsita de gasa violeta o blanca con cierre de cordón

RITUAL

Mezcle en un bol todas las hierbas y vierta el aceite encima.

Cuando estén bien mezcladas, páselas a la bolsita de gasa violeta o blanca. Llévela encima una semana, en un bolsillo o prendida en la ropa. Por la noche déjela bajo la almohada. Mientras duerme, las hierbas le ayudarán a aliviar la tristeza y el dolor que siente. En más o menos una semana debería empezar a sentirse mucho mejor, y podrá entonces distribuir la mezcla por el lugar donde descansa su mascota.

Cuatro cristales para reparar un corazón que sufre

Estos cuatro cristales son básicos para la recuperación después de una pérdida. Cada persona necesita ir a su ritmo.

CUARZO ROSA: cuando una persona está de luto o luchando contra una profunda tristeza, el chakra del corazón puede desalinearse. La vibración de este cristal sintoniza con la del individuo y, si se lleva encima, aliviará el dolor de la pérdida.

CRISOPRASA: este potente cristal, de color verde manzana, despeja la melancolía, sobre todo la tristeza y el dolor que hace tiempo que duran. Dejándolo al lado de hierbas como la albahaca, la lavanda y la salvia, amplifica su efecto para aliviar las heridas emocionales y reparar el corazón que está de luto. Si existe alguna duda sobre la causa de la muerte, la verdad divina acabará revelándola.

MALAQUITA: las brujas que están pasando un duelo suelen llevar esta piedra en alguna pieza de joyería. Encontrará algunas muy atractivas en Internet: pendientes, collares y pulseras. La malaquita actúa como piedra de arraigo, trayendo aceptación e invocando la fuerza.

RODOCROSITA: este hermoso cristal rosa evoca la compasión y el perdón de uno mismo y ayuda a eliminar la culpa, sanando de paso cualquier corazón herido.

LA CONCIENCIA COLECTIVA

Este no es un tema agradable sobre el que escribir, pero ambas pensamos que es necesario. Muchas brujas son activistas en favor de los animales y hacen todo lo que pueden para proteger no solo a los animales domésticos, sino también la fauna y la flora silvestre y los hábitats naturales. Cada vez que entra en las redes sociales o abre un periódico encontrará informes o artículos sobre la crueldad hacia los animales.

Muchas brujas son extremadamente sensibles y este tipo de noticias les produce dolor. Aunque existen numerosas brujas solitarias en todo el mundo, es una idea excelente escribir un blog o unirse a un grupo wiccano en línea y solicitar a personas afines que lleven a cabo con usted un hechizo en un momento determinado. Cuando un grupo de brujas repite el mismo encantamiento a la vez, se produce un cambio de energía que podría ser de suma importancia.

Hace algunos años, yo (Leanna) formé un grupo wiccano y una vez al mes, en luna llena, mis amigos brujos y yo nos reuníamos y combinábamos nuestra magia. A menudo llevábamos a cabo rituales para ayudar a los animales de todo el mundo, para protegerlos de los abusos. Considero que la magia colectiva genera una gran fuerza. Aunque es estupendo estar todos juntos, no tiene que estar físicamente al lado de otra persona para hacer que esto funcione. Lo que genera el poder son los pensamientos y la intención del hechizo que se proyecta al universo.

Un hechizo para detener la crueldad hacia los animales

Siempre que se entere de algún caso de crueldad hacia un animal, es hora de sacarle brillo a su varita y sacar las velas de donde las guarde. La fase lunar no importa, y tampoco tiene que realizar el hechizo a una hora concreta. Necesitará una obsidiana. Esta piedra eliminará cualquier maldad y proyectará una fuerza protectora hacia el animal.

MATERIALES

Si tiene una fotografía del individuo que es cruel con el animal, imprímala y póngala en su altar antes de iniciar el ritual

1 cuchillo

1 vela blanca

1 vela negra

1 encendedor

1 obsidiana negra

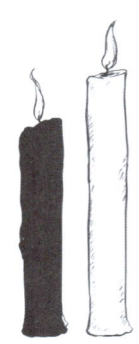

RITUAL

Con el cuchillo inscriba las palabras PROTECCIÓN ANIMAL–DETENER EL ABUSO en la vela blanca, en mayúsculas de buen tamaño. A continuación grabe en la vela negra las palabras QUE EL AGRESOR SE DETENGA, también en mayúsculas grandes.

Ponga las dos velas en el altar, una al lado de la otra. Con cuidado y rapidez pase el cristal por la llama de cada vela antes de dejarlo frente a ellas.

Es hora de meditar y de concentrarse en los detalles del abuso. Puede que le resulte duro imaginarlo, pero es crucial si quiere que se detenga. Si es usted una persona emotiva, intente no llorar. Debe invocar su fuerza interior porque esto le dará más poder.

Pase unos minutos concentrándose en el abuso y a continuación cambie totalmente de pensamiento. Ahora tiene que visualizar que las autoridades detienen al agresor. Imagíneselo que se lo llevan lejos del animal. Por mucho que desprecie a esta persona, debe asegurarse de que no le envía ninguna mala voluntad. Todo lo que quiere es que deje de maltratar al animal; es el mundo espiritual el que se encarga de los castigos, no nosotros.

Vuelva a pensar en el animal y visualícelo contento y feliz. Vea como corre, juega, está con personas de buen corazón que le quieren. Ha recuperado la confianza y se siente feliz.

A continuación, invoque a Ariel, el ángel de los animales. Si prefiere conectar con las deidades, la diosa griega Artemisa es una buena opción. Repita siete veces este encantamiento mientras observa fijamente la llama de las velas:

«[Nombre de la deidad] ayúdame en esta difícil situación.
Haz que tu poder arregle las cosas.
Bendice a este animal, libéralo de la maldad.
Envía tu poder a mi amuleto de cristal».

Cuando ambas velas se hayan consumido (no las deje sin vigilancia), lleve la piedra fuera de casa y entiérrela. El poder del ángel o de la diosa transmitirá la magia a través de la tierra hasta el animal maltratado.

Las mascotas son amigos maravillosos. Nunca le juzgarán, le querrán siempre y sabrán cuando algo va mal. Son pura lealtad.

Capítulo 12

Niños mágicos

TODA PERSONA QUE ESTABLECE CONTACTO CON NOSOTROS en esta vida forma parte de nuestro karma espiritual. Antes de reencarnarnos, se nos dice qué lecciones tenemos que aprender y nos traen a estas personas, para nuestro propio crecimiento personal o para que nosotros ayudemos a otra alma a evolucionar espiritualmente. Las brujas, en general, están hechas de un material duro, por lo que no es extraño que tengamos hijos complejos e inusuales. En los últimos treinta o cuarenta años, ha llegado una nueva ola de niños a la Tierra a los que se conoce como «niños cristal, estrella, arcoíris o índigo». Estos jóvenes destacan entre los demás, a veces por sus maravillosos dones, y también por su comportamiento, bueno o malo. Lo interesante de estos niños en particular es que sienten un interés innato por el planeta y el medio ambiente y tienden a ver las cosas de un modo totalmente diferente a otros niños. Como bebés son hipersensibles y pueden tener problemas como dificultad para dormir o comer. Para cualquier bruja joven que lea esto, si decide ser madre, es muy probable que dé a luz a uno de estos niños especiales. Criar a este tipo de niños es algo que requiere una gran dedicación y voluntad, así que tendrá que ser una madre más comprometida que otras.

EL NIÑO CRISTAL

Este niño se reencarna con una gran empatía. Como su alma es madura, sienten amor por la naturaleza y todas las cosas relativas al medio ambiente.

Cuando se encuentran en un entorno natural, se transforman; se abrazan a los árboles y se sienten fascinados por los animales y todos los seres vivos. A estos jóvenes les afectan los ruidos y las discusiones, y los padres tendrán que comportarse, ya que la discordia en la familia les puede causar estrés mental. Muchas madres bruja dan a luz a niños cristal, ya que son mujeres más flexibles y de mente abierta, capaces de desarrollar —de forma innata— un estilo de maternidad diferente al convencional.

Los niños cristal nacen con un conocimiento interior de todos los asuntos espirituales y pueden empezar a decir cosas extrañas a una edad temprana. Esto podría deberse a que están acostumbrados al proceso de reencarnación y que han visitado la Tierra miles de veces en el pasado. De bebés pueden pasarse horas mirando el techo, o gorgoteando y riendo como si interactuaran con una persona invisible. Son capaces de ver un espíritu, de percibirlo e incluso de hablar con él.

El niño cristal tiene gustos eclécticos en música, desde conciertos de música clásica y ópera, hasta el rock de garaje y el pop. Son dotados para la escritura o tienen originales dotes poéticas. Cuando son muy pequeños pueden toquetear las cosas para ver cómo funcionan, o esconder pequeños objetos que van encontrando. De mayores suelen elegir profesiones asistenciales y convertirse en médicos, veterinarios, enfermeras, maestros o fisioterapeutas.

Si una bruja tiene la responsabilidad de dar a luz y criar a un niño cristal, ha sido elegida por el mundo espiritual para esta tarea esencial y en ocasiones difícil. No son niños fáciles de educar y a veces presentan problemas conductuales, probablemente porque piensan de forma diferente o porque no se sienten comprendidos. El berrinche que cabe esperar de un pequeño alcanza un nuevo nivel entre este tipo de niños: son capaces de gritar sin parar ni un momento, dejando a los padres con los nervios destrozados. Pero los niños cristal poseen también una mente brillante y saben pensar fuera de los parámetros establecidos. Sus ojos son inusuales y su mirada llega al alma. Sus ojos son de un azul vivo o de un tono avellana, lo que indica que poseen capacidades psíquicas.

Una de las cosas más interesantes es que, al crecer, muchos niños cristal creen firmemente en otros mundos y en extraterrestres, y a veces muestran un gran interés por la astronomía. A la mayoría se les da muy bien la tecnología y están obsesionados con los ordenadores, los aparatos o los juegos de pantalla; necesitan ejercitar el cerebro más que el cuerpo.

Aprender en la escuela o la universidad no será siempre prioritario para ellos, porque prefieren ir en pos de las cosas que más les gustan de una

forma personal; tienen su propio itinerario individual que seguir. Muchos padres tendrán que educarlos en casa porque podrían tener dificultades para adaptarse o para formar amistades en su primera infancia. Los padres también deberán tratar con temas de salud como, por ejemplo, el eczema, las alergías, los sarpullidos o las erupciones cutáneas. Deben tener cuidado con los productos que usan para estos delicados bebés, en especial si sufren de dermatitis del pañal. Algunos son hipersensibles a la contaminación y el aire sucio; incluso una vela ardiendo puede producirles problemas respiratorios.

Estos pequeños individuos desafiantes y complejos son increíblemente leales y se convierten en personas cariñosas y atentas con su familia a medida que van madurando.

Como su nombre sugiere, los niños cristal responden y reaccionan intensamente a cualquier tipo de cristal. La amatista y la fluorita pueden aliviar sus frustraciones, por lo que se aconseja que tengan abundantes cristales de este tipo a mano. Gravitarán hacia los que les gusten y serán capaces de percibir con facilidad la frecuencia vibratoria del cristal.

Muchas familias con varios hijos tienen al menos un niño cristal. Nos enseñan a crecer y a ver el mundo de una forma diferente.

EL NIÑO ESTRELLA

El niño estrella es similar al cristal y puede compartir muchos de sus atributos. Un rasgo reconocible de este individuo es su atractivo físico. Pueden ser de una belleza impresionante, con ojos de un intenso color violeta, verde o azul que miran directamente al corazón. Su propósito en esta vida es elevar la vibración del ser humano, y como son precoces y «sabelotodos», a veces intimidan a otros. Desde una temprana edad son capaces de recordar vidas anteriores y presentar temores extraños que han traído de una vida anterior. Se aconseja hablarles abiertamente de cualquier recuerdo que tengan, para ayudarles a tratar con temas del pasado. Los niños estrella son muy psíquicos desde pequeños y capaces de leer la mente de una persona. De más mayores les encantará todo lo esotérico e incluso podrían ser clarividentes o médiums. Asimismo, pueden poseer un conocimiento imposible de saber a una edad tan temprana, y por eso se cree que son «almas viejas».

Son muy creativos y les encanta dibujar y pintar; aprecian el arte en todas sus manifestaciones. Odian ser el centro de atención, por lo que tienden a evitar estar a la vista del público, prefiriendo estar solos que en grupo.

Los niños estrella pueden tardar un poco en crecer y no les gustará hacerse mayores. Si se les aprieta demasiado, se vuelven impacientes e infelices, así que si tiene uno de estos niños, siempre es mejor dejar que maduren a su propio ritmo. Son los que más empatía poseen y son tan sensibles que sus emociones de pueden desbordar con facilidad. De niños tal vez quiera protegerles de noticias demasiado explícitas o gráficas, porque tardaran una eternidad en olvidarlas. Con el tiempo este rasgo de empatía se irá desarrollando y a menudo gravitarán hacia profesiones asistenciales como asesor, terapeuta o psiquiatra. Su objetivo nace del deseo de ayudar a los demás a superar sus traumas emocionales.

Como ya hemos mencionado, desde una temprana edad sus dotes psíquicas destacarán, y podrían dejar a la gente con la boca abierta con sus misteriosas predicciones. Esta capacidad por lo general indica que poseen buena intuición y que saben interpretar fácilmente a las personas. Podrían sentir una aversión inmediata hacia ciertas personas, sin conocer de antemano nada sobre su carácter, o al contrario, lanzarse a los brazos de extraños que les atraen. Este niño es un soñador, con un pie en la tierra y otro en el mundo espiritual. Tienen sueños vívidos y es posible que dominen el arte del viaje astral a los tres o cuatro años.

Todo niño estrella siente una gran compasión por la naturaleza humana y proyecta un carácter indulgente y amoroso. Poseen perlas de sabiduría innatas y mucha paciencia con sus semejantes, porque saben que el mundo va mucho más allá de lo que pensamos.

Resuenan con los de su tipo y pueden detectar a otro niño estrella en un instante, con el que establecerá una amistad para toda la vida. Una cosa es cierta cuando conocemos a un niño estrella: instintivamente sabrá que se encuentra ante la presencia de alguien especial.

EL NIÑO ARCOÍRIS

Muchos niños arcoíris nacieron hacia los primeros años del nuevo milenio, así que son más poco frecuentes que los niños cristal o estrella. Una creencia es que son almas nuevas, libres del bagaje espiritual de otra vida, por lo que son inocentes y están abiertas a lo nuevo. A menudo se les describe como hiperactivos y llenos de energía: sus padres se pasan el día corriendo tras ellos, y debido a su falta de experiencia en el plano terrestre, les resulta difícil escuchar o se comportan mal. A pesar de ello, se dice que son los que van a sanar el planeta, que se reencarnan para cambiar la frecuencia vibratoria de la Tierra y de sus habitantes. Esto no es algo que hagan físicamente; simplemente proyectan, de forma natural, la energía de su interior hacia la Tierra. Otra creencia es que no tienen karma y que su único propósito al encarnarse es ayudar a otros a ser más compasivos y a ser conscientes de todo lo relacionado con el medio ambiente. Están aquí para ayudar a crecer a la humanidad, pero como acaban de llegar, no queda claro de qué modo lo conseguirán.

Puede que este niño no empiece a hablar hasta los tres o cuatro años, y muchas veces acabarán con un diagnóstico erróneo. Tienen ojos grandes y bonitos y de pequeños pueden ser bastante retraídos, sin relacionarse demasiado con los demás, lo que los expone al acoso. Pero su gran corazón no tiene malicia y les resultará fácil perdonar a quienes les hieran. Por lo general nacerán en una familia feliz y cariñosa, de corazón tierno y sensible. Esto se debe a que detestan cualquier tipo de drama y prefieren unos padres amables y dedicados.

Una de las cosas que destaca de estos niños es su capacidad psíquica y es muy probable que se interesen, en el futuro, por todo tipo de temas esotéricos. De mayores, tienen una forma de manifestar casi por arte de magia cualquier cosa que decidan hacer, lo que les convierte en excelentes hechiceros.

EL NIÑO ÍNDIGO

Las brujas de cualquier tipo suelen descender de personas índigo, que son especialmente elegidas por el mundo espiritual para revolucionar el planeta. Nacen sintiendo compasión por la tierra y aman las plantas, los animales y todo lo natural.

Desde una edad muy temprana el niño índigo sabrá psíquicamente que es especial, e incluso podría parecer un tanto arrogante en ocasiones. Como el resto de los niños que destacamos en este capítulo, tienen dotes psíquicas y pueden leer la mente, a menudo sacando a la luz mentiras y engaños. Son capaces de pensar en el futuro y no se sienten limitados por la tradición ni las antiguas creencias. Los índigos creen en sí mismos a pesar de sentirse fuera de lugar con las personas normales, que incluso podrían ridiculizar su forma de vida y sus creencias excéntricas. Algunos creen que son «semillas de las estrellas» que han venido de otra galaxia. Poseen poderes mágicos, sobre todo para cualquier tipo de sanación, en directo o a distancia.

Son almas sensibles que lloran enseguida viendo una película triste, o si son testigos de alguna injusticia; de hecho, están tan sintonizados con sus emociones que siempre actúan por instinto. Debido a su diferente forma de pensar, a menudo lo pasan mal en la escuela, ya que no comparten las formas tradicionales de enseñanza. Por mucho que lo intenten, nunca entienden del todo el concepto de aprender las cosas de memoria. Pero son extremadamente inteligentes y aprenderán más una vez fuera del entorno escolar, abriéndose camino en el mundo. Los niños índigo son entusiastas y curiosos y siempre estarán preguntando a sus padres el cómo y el por qué de las cosas. En este sentido, igual que los otros niños de este capítulo, serán un desafío para sus padres. A medida que maduran, la mayoría de ellos se interesará por lo paranormal e incluso pueden creer firmemente en

alienígenas y entidades sobrenaturales. Son espirituales sin ser religiosos, porque de algún modo nacen con un conocimiento oculto sobre el mundo y su modo de funcionar. Muchas de las brujas adultas actuales son así, con una comprensión innata de la armonía con la tierra y los animales, así como de las leyes universales del karma. Se dice que todos estos rasgos los han heredado de un padre o una madre índigo.

A todas las brujas que estáis por ahí: sabed que sois especiales y que debéis seguir vuestro camino, invocando la armonía y la sanación hacia vuestros congéneres y el planeta.

Epílogo

Este libro fue escrito en una epoca angustiosa. El coronavirus ha dado la vuelta al mundo, dejando a su paso una oleada de muerte y resurrección. En el momento álgido de la pandemia Covid-19, cuando gran parte del mundo estaba confinado, el planeta fue capaz de recuperarse brevemente, la contaminación descendió y la vida silvestre prosperó en zonas urbanas y suburbanas. Es asombroso que por el hecho de encerrar a los humanos, gran parte de la Tierra volviera a ser temporalmente un lugar no contaminado, hermoso y puro. Todos vimos los espectaculares cambios que experimentó el planeta.

La mayoría de las brujas adoran la tierra y entienden que, para llegar a la armonía, todo debe estar en equilibrio. Es dudoso que el virus desaparezca del todo, pero una vez el mundo se haya nivelado, todos debemos aprender de las lecciones que esta crisis nos ha proporcionado. Debemos cuidar de la Madre Tierra y reducir el uso de plásticos. Debemos darle a los mares y océanos la posibilidad de luchar. Los científicos predicen que en los cincuenta años siguientes, si seguimos con nuestro estilo de vida actual, habrá más plástico que peces en el mar, ¡una idea aterradora! Ahora es el momento de revisar cómo vivían nuestros antepasados y adoptar algunos de los métodos que usaron hace siglos. Veneraban a la tierra y usaban todos los elementos naturales para enriquecer sus vidas.

Hoy día, wiccanos, druidas y paganos se inclinan de forma natural hacia el regreso a lo más básico, y muchos de ellos preparan sus propios detergentes para la ropa, jabones, champús y otros productos de un modo seguro para el medio ambiente.

Nuestros corazones están con quienes no sobrevivieron a esta pandemia y con sus familias; el dolor que se sufre al perder a un ser querido es superior a lo que se puede soportar. Durante la redacción de este libro se han reafirmado nuestras creencias espirituales y ambas reconocemos la importancia de cuidar al detalle nuestro bienestar y nuestra salud, no solo física sino también mental. Shawn ha pasado más tiempo meditando y Leanna, como muchas otras personas en todo el mundo, ha pasado incontables horas en el jardín, conectando con la naturaleza.

Queremos dejar un mensaje para todas las brujas actuales y las más jóvenes que se inician en el arte: dejad a vuestros descendientes un auténtico legado de valores y prácticas útiles, enseñadles todo lo que habéis aprendido y transmitidles el conocimiento del cuidado personal. Todos podemos disfrutar de este mundo tecnológico, pero debemos incorporar al mismo lo que realmente importa, que es profundizar en la parte espiritual de la vida.

Agradecimientos

Gracias a Sterling. Se precisa una poción mágica de sabiduría, comprensión y visión de futuro para publicar un libro dirigido al corazón y al alma de nuestros fieles lectores de la serie Modern-Day Witch.

Deseamos agradecer a nuestra genial editora, Barbara Berger, que haya mantenido el caldero hirviendo con su magia y visión editorial; y a nuestro agente, Bill Gladstone de Waterside Productions, por encender el fuego bajo el caldero que nos hizo emprender el camino.

Por supuesto estamos agradecidas también a las siguientes personas de Sterling por su incansable energía y talento creativo: la diseñadora Christine Heun, el jefe de proyecto Michael Cea, la editora de fotografía Linda Liang, la directora de producción Ellen Hudson, la directora artística Jo Obarowski-Burger, la directora creativa Melissa Farris; asimismo, a la diseñadora Amy King por la preciosa cubierta del libro. Gracias por ayudarnos a que nuestro libro viera la luz.

Créditos de las ilustraciones

Alamy: World History Archive (Archivo histórico mundial): guarda frontal

ClipArt ETC: 16, 23, 80, 103, 105, 107, 118 arr., 145, 159, 161, 180, 220 arr., 221, 225, 242, 243, 254, 257, 278 der., 280

Clipart.com: 199

Depositphotos.com: chempina: 233; Katja87: 195

Fromoldbooks.com: 170

Getty Images: DigitalVision Vectors: benoitb: 232 arr., 249, guarda posterior; clu: 145296, 297; CSA-Printstock: 295; duncan1890: 33, 50, 63, 182, 194, 208, 258, 293; GeorgePeters: 27, 29, 61, 67, 106, 155, 204, 253, 285; Grafissimo: 264, 267, 269; ilbusca: 15 izq., 112, 135 ab., 144, 190, 191, 229 arr., 240, 241, 255, 268, 271 ab., 287; ivan-96: 78; johnwoodcock: 237; KeithBishop: 132; Man_Half-tube: 19, 172, 228 arr.; MatthewGrove: 278 izq.; mecaleha: 220 ab.; Nastasic: 115, 167, 171, 219, 234, 281, 291; powerofforever: 76 ab.; pseudodaemon: 21 ab., 123, 127, 131, 134 arr., 136 arr.; rhoon: 48 izq.; stefan_Alfonso: 152 izq.; whitemay: 277; zaricm: 126; ZU-09: 222; iStock/Getty Images Plus: Acnakelsy: 230; Alhontess: 31, 111, 186; AlinaMaksimova: 133, 134 ab.; andipantz: 166; angorious: 178; Awispa: 24, 38 der., 59 arr., 192; BeatWalk: 168; canicula1: 71; channarongsds: 99,

146; ChrisGorgio: 189; Christine_Kohler: 289; Cofeee: 26; Dencake: 81, 206; denisk0: 108; Aurelija Diliute: 203 arr.; dimonspace: 187 ab.; Jeanna Draw: 227; Epine_ art: 47 arr., 148, 149, 152 der., 184 izq., 185 arr., 246; Fearsonline: 117; geraria: 38 izq., 39, 135 arr., 136 ab., 137, 147, 173, 177, 193, 201, 283 c. der.; HelgaMariah: 224; Hulinska_Yevheniia: 276; JonnyJim: 72; kameshkova: 215; Lisitsa: 271 arr.; logarphmic: 185 ab.; Ievgeniia Lytvynovych: 136 c.; Marabird: 212; MarinaVorontsova: 47 ab., 48 der., 125, 188 izq., 190 arr.; maystra: 129, 165; Mariia Mazaeva: 188 der.; mubai: 158 nicoolay: 17; NSA Digital Archive: 6; ONYXprj: 150; paseven: 69; Paul Art: 275; Valeriya Pichgina: 244; Pimpay: 58 ab., 116, 119, 162, 202, 226, 247, 283 arr. der.; pleshko74: 174; polygraphus: 140; RinaOshi: 187 arr.; song_mi: 183 235; suricoma: 58 arr.; Ukususha: 265; Vasilyevalara: 169; Vladayoung: 59 ab.; Zdenek Sasek: 141; liquidlibrary: Jupiterimages: 239 arr.; Vetta: CSA Images: 18 ab., 210

Archivo de Internet: 153

Biblioteca del Congreso: 5

Museo Metropolitano de Arte, Nueva York: 260

Biblioteca pública de Nueva York: 95

Shutterstock: alaver: cubierta, cenefa de flores (todo el libro); Amber_Sun: 49 izq.; Art N'Lera: 120 arr.; ARTHA DESIGN: 93; AVA Bitter: 21; Babkina Svetlana: 85, 87; chempina: 13; Eugene Dudar: 15 der., 157; Elena Eskevich: 41; Ezepov Dmitry: en todo el libro (estrella); Christos Georghiou: 65; geraria: 156; Hikari: 122; HikaruD88: 83; Jan-ilu: 299; Katarinanh: 36; Kseniakrop: 239 ab.; Kumicheva: 14; Marta Leo: 130; Lopatin Anton: 44, 45; LUMEZA. com: vi; lumyai l sweet: 232 ab.; marssanya: 228 ab.; Martyshova Maria: 84; Aleks Melnik: 120 ab.; MitrushovaClipArt: 251; Morphart Creation: 274; NataLima: 134 c.; nikiteev_konstantin: 205, 286; Hein Nouwens: 164, 197; omtatsat graphic: 109; Parkheta: 86; Vera Petruk: 1, 11, 121 arr., 262; pio3: 176; Vera Serg: cubierta (hierbas); Maryna Serohina: 203 ab.; Svetlana Shishkanova: 229 ab.; Liliya shlalpak: 139, 143, 147, 160, 175 izq., 184 der.; Alena Solonshchikova: 49 der., 52, 283 der. ab., 284; Gorbash Varvara: 55; Very_Very: 70, 98; WinWin artlab: cubierta, v (ciclos lunares); Vlada Young: 82, 250; Zanna Art: 175 der.; zhekakopylov: 90

Wellcome Collection: 76 arr.

Courtesy of Wikimedia Commons: 89, 198, 238, 263, 283 ab. izq.

Índice alfabético

NOTA: los números de página en **negrita** indican resúmenes de las características y usos de la entrada. Los números de página en *cursiva* indican hechizos/rituales/recetas específicos. Los números de página entre paréntesis indican referencias no contiguas.

Acerca de las autoras

SHAWN ROBBINS es autora o coautora de seis libros, entre ellos *Psychic Spellcraft*, *The Witch's Way*, *The Crystal Witch*, *The Good Witch* y *Wiccapedia*, que ahora se usa como guía de referencia en numerosas escuelas de wicca online; también de la baraja *The Wiccapedia Spell Deck* y *Wiccapedia Journal*, todos ellos parte de la exitosa serie Modern-Day Witch. Ha enseñado en la New York School of Occult Arts y da numerosas conferencias por todo el país sobre estos temas. Vive en la ciudad de Nueva York.

LEANNA GREENAWAY es una popular clarividente británica, con intervenciones en radio y televisión. Es autora o coautora de numerosos libros, entre ellos *Psychic Spellcraft*, *The Witch's Way*, *The Crystal Witch*, *Wiccapedia* y *Simply Tarot*, así como de la baraja *The Wiccapedia Spell Deck* y *Wiccapedia Journal*; fue columnista de *Fate & Fortune Magazine*. Encontrará más información en https://leannagreenaway.info/. Vive en el condado de Somerset, Reino Unido.

NOTAS

NOTAS